你是孩子的光

张小桃 著

智慧妈妈成长法则

人民邮电出版社

北京

图书在版编目（CIP）数据

你是孩子的光：智慧妈妈成长法则 / 张小桃著. --
北京：人民邮电出版社，2020.2
ISBN 978-7-115-52524-6

Ⅰ. ①你… Ⅱ. ①张… Ⅲ. ①家庭教育 Ⅳ. ①G78

中国版本图书馆CIP数据核字(2019)第288177号

内 容 提 要

对于妈妈这个角色而言，最大的成就感来自养育孩子的过程。只是在这个过程中，过于强调了养育的部分，而忽略了妈妈作为独立个体的需求。

都说最好的教育是言传身教，那么，越是勇于追求自我、成就自我的妈妈，自然越能够养育出优秀的孩子。

本书将和妈妈们一起来探索，如何在快乐发展自我、活出美好的同时，给孩子更好的养育。

妈妈是孩子的光，孩子也是妈妈的光。这是在血缘之外，两个生命之间更深的羁绊。

希望这本书能给妈妈勇气和力量，活出想要的美好，照亮孩子的人生。

◆ 著　　　　张小桃
　　责任编辑　马雪伶
　　责任印制　王　郁　马振武
◆ 人民邮电出版社出版发行　　北京市丰台区成寿寺路 11 号
　　邮编　100164　电子邮件　315@ptpress.com.cn
　　网址　http://www.ptpress.com.cn
　　北京鑫丰华彩印有限公司印刷
◆ 开本：880×1230　1/32
　　印张：8.375
　　字数：169 千字　　　　　　　　2020 年 2 月第 1 版
　　印数：1 – 6 000 册　　　　　2020 年 2 月北京第 1 次印刷

定价：49.00 元

读者服务热线：(010)81055410　印装质量热线：(010)81055316
反盗版热线：(010)81055315
广告经营许可证：京东工商广登字 20170147 号

献给我的儿子石头

在推动励媖中国发展的这些年里，我发现很多女性会因为家庭放弃个人生活和职业发展，让人无奈又遗憾。看到小桃的这本书，我很欣喜。她从多个角度帮助妈妈们深挖内心的渴望，并通过鲜活的案例和实用的工具，引导妈妈们建立自我认同、实现人生目标。这是我希望看到的，女性在成为母亲后依然能保持的积极心态和良好状态。希望这本书能鼓励和帮助有需要的女性，摆脱束缚，突破自我，打开更精彩的人生。

陈玉馨　励媖中国联合创始人兼总裁

对孩子有耐心的妈妈很多，会赚钱的能干妈妈也很多，但既能照顾好家庭，又能把自己"照顾"得光彩照人的妈妈不多，甚至不少妈妈觉得这是不可能实现的！小桃的这本书，就帮助你把"不可能"变成"可能"。

秋叶　秋叶PPT创始人，妈妈点赞创始人

这本书，是知识女性和孩子共同成长的经验分享。现代社会，女性在职场和家庭之间左支右绌，如何能够实现职场和生活的平衡？如何把与孩子的"斗智斗勇"变成共同成长的契机？在这本书中，小桃总结了很多优秀妈妈的案例，并结合自己在工作、婚姻和养育孩子过程中的切身体会，通过深入分析与高度提炼，给出了妈妈与孩子共同成长的实用指南。希望这些人生样本所绽放的光芒，能照进更多家庭。

萧秋水　知识管理专家

陪孩子创造最好的未来，并不需要用牺牲自己的方式完成。小桃本身就是这样的妈妈，并用这本书告诉你：如何果敢自信地去树立和实现目标，如何温柔而坚定地去拥有丰盛的人生。小桃同时也是 DISC 国际双证班社群的联合创始人，她总结的方法让 4000 多位毕业生获益良多，相信你也能开卷有益。

李海峰　DISC 国际双证班社群联合创始人

做妈妈，不是一定要受苦的，不是一定要牺牲的，不是一定要放弃自己的。小桃老师用她的智慧和真诚，娓娓道来：只要用对方法，妈妈也可以绽放，可以成为最美的自己，可以享受孩子带来的无与伦比的快乐。

王霄　《王霄老师的 5 堂幸福课　遇见孩子看见更好的自己》作者

解密青春期养育课程创始人，资深家长讲师

如何做一个好妈妈？如何拥有更丰盛的人生？张小桃结合自己成为妈妈的心路历程、与孩子共同成长的温馨故事，总结了妈妈成长进步的核心攻略。相信作为妈妈的你，读完这本书，一定能找到答案。

Scalers　《持续行动》《刻意学习》作者

"原来，孩子才是我的老师"——小桃用独特的视角，诠释了一位美丽优雅的新女性如何活出"好妈妈"的新境界，活出最美好的样子。我想，小桃成为了孩子的榜样，这份源自内心的自信，是妈妈留给孩子最宝贵的财富。

赛美　国家高级理财规划师

养育孩子的过程，是父母自我滋养的过程。孩子的新生，仿佛父母的重生。小桃的书让我们顿悟：通过孩子，我们能将自己懵懂的幼年再走一遍。这种奇异的体验，能让我们更懂自己，更懂孩子；更爱自己，也更爱孩子。

大眼睛　资深媒体人、儿童天赋智能测评师

作为一个家里有无数本育儿图书的爸爸，我特别欣赏小桃这本书的立意角度——如何成为一个自信、快乐的妈妈。我相信，一个温暖的、快乐的、自信的妈妈，哪怕她没学过什么高深的育儿理论，养出来的小孩肯定也不会差。小桃非常敏锐地抓住了这一点，她用这本书回答了"如何成为一个好妈妈"，让妈妈们把目光从孩子身上转移到自己身上，因为这才是破解教育问题的关键。

许维　头头是道基金董事

小桃是我见过的女性里，少有的能把理性和柔情结合得非常好的母亲，她除了在自我发展上超出许多同龄人，在家庭和育儿上的见解也很有洞察力，解决问题的思路充满了柔情和智慧。相信这本书也会直击你的心灵，给你更多启发，让你看到更多绽放自己人生的可能。

邻三月　《社群营销实战手册》作者，橙为社群创始人

　　成为妈妈是一个女性最奇特的人生经历，这个过程既有惊喜又有些许慌乱，但总归会有一个意外的收获：借由孩子，我们开始认识自己。小桃的书，乍一看以为是在讲养育，细细读下去，是在讲"做自己"——怎么认识成为妈妈后的自己；为什么自己会焦头烂额；自己到底要什么，又该如何去达成；是不是成为妈妈后的人生只有一种标准答案，如果不是，那哪一种适合自己。愿这本书能带给你答案和欣喜，毕竟，我们这一生，最好的遇见便是遇见一个更好的自己。

崔璀　女性成长平台 Momself 创始人

你想成为一个什么样的妈妈?

如果是在怀孕的时候遇到这个问题,我会立即抛出一大堆关于"妈妈应该怎么样"的观点和道理:要照顾好家庭,要教育好孩子,要温和,要有智慧,要做人生赢家……

简直就是大众眼里完美妈妈的样子!

然而事实证明,梦想总是那么美好,而现实和梦想之间的距离,比想象中要远得多。

我一度被哺乳、睡眠、孩子哭闹折腾得筋疲力尽。温和、智慧的独立新女性,转眼成了有一点风吹草动就血压升高、烦躁不安的中年老母亲。

有段时间,我甚至觉得工作成了一种解脱。因为比起搞定孩子和家里的琐事,开会、写方案、聊合作都显得无比轻松。

理想和现实的冲突,让我陷入深深的焦虑和自我怀疑。那套"好妈妈"的标准,就像是孙悟空的紧箍咒,把我牢牢锁在方寸之地。

这让我特别有挫败感:为什么工作中再复杂的问题,我都能找到这个方法、那个工具慢慢搞定,而到了生活中,落到还不会说话的孩子身上,就大失方寸了呢?

这不科学。

还是说,我这套"好妈妈"的标准出了问题?

带着这样的疑惑，我开始观察、了解不同生活状态下的妈妈，发现不论她们是身在国内还是国外，是奋战于职场还是守护着家庭，是养育了一个宝贝还是多个子女，都或多或少被困于大同小异的"标准"之中。

之所以用"困"这个词，是因为大多数妈妈会向这套标准妥协甚至放弃一部分的"自我"。

而这种妥协和放弃的背后，藏着一丝丝不甘和无可奈何。

还好，不是所有的妈妈都做出了这样的选择。有一群妈妈，她们的人生曾经循着一条标准路径前行，却在某个节点迈出了既定轨道，为自己走出了一个不同的未来。

这些妈妈的故事让我看到，或许"好妈妈"是有标准的，但这套标准和他人无关。

你想成为一个什么样的妈妈？你希望拥有怎样的妈妈人生？

答案，只有你自己知道。

我相信，对于妈妈这个角色而言，最大的成就感仍然来自养育孩子的过程。只是在过去的标准中，过于强调了养育的部分，而忽略了妈妈作为独立个体的需求。

我相信，最好的教育是言传身教。越是勇于追求自我、成就自我的妈妈，越能够养育出优秀的孩子。

我相信，每一位妈妈都值得拥有更丰盛的人生，而这并不需要多么高明的智慧或高超的技巧，只需要多一点勇气和坚持。

柏拉图说，最重要的不是活着，而是活出美好。用高质量的生命状态去影响另一个生命，是妈妈送给孩子最好的礼物。用美好的生命之光照亮孩子的成长之路，这才是"好妈妈"该有的样子。

这本书将和妈妈们一起探索，如何在快乐发展自我、活出美好的同时，给孩子更好的养育。书中没有复杂的理论，只有实用的方法和工具。这些方法和工具同样不是标准答案，是否有助于达成目标是检验这些方法和工具的唯一标准。

在第1章中，我们会一块儿揪出阻碍妈妈们追求自我的根本原因——信念冲突。

在第2～6章中，我分享了很多真实案例和实用工具，帮助妈妈们深挖内心渴望，建立自我认同，找准目标，能够和自己更好地相处，和家人更融洽地协作，和孩子更顺畅地沟通。

但我想强调的是，书中的种种方法只能缩短试错的时间，不能直接变成你的经验。怎样才能变成经验呢？只有一条路：持续地刻意练习。

书里讲了这么多方法，要同时刻意练习吗？

当然不是。先选一种方法，反复练，直到能够自由应用，成为一种直觉反应之后，就可以接着练习下一种方法了。

将一种方法用到极致，胜过对百种方法浅尝辄止。哪怕只知道一种方法，只要日复一日地练习、精进，都能积累成他人不能比拟的核心能力。

尽管看起来更快更节省时间的捷径有很多，然而，时间真正的价值不在于节省，而在于积累和沉淀。

结语部分，我讲了五位妈妈的故事。从这几位妈妈身上，你或许能够看到自己过去的影子、现在的困扰和未来的期待。希望她们的经历，能给你勇气和力量，让你活出想要的美好。

细心的读者会注意到，这本书最后提供了附录，里面藏着我的一点"小私心"。在新书内测群里，几乎每个妈妈都认同一句话："孩子才是我的老师。"所以，我在附录部分记录了儿子石头的一些童言童语，这些童言童语都曾带给我极大的震撼。

他也是我在成为妈妈以后，最想感恩的人。

看着他一天天长大，从一个小细胞长成现在能跑能跳能说话的小人儿，在感慨生命的神奇之余，我也越来越清晰地知道，母亲之所以伟大，并不在于有多么符合某个"标准"，而在于能在有限的岁月里，用一个成熟、智慧的生命来影响一个新生、懵懂的生命。

并且，这种影响并不是单向一蹴而就的，而是交互且持续产生的。

就像我会教他什么是爱，听到他用稚嫩的声音说"妈妈我爱你"时，我也更明白爱从何而来。

这种生命之间能量的流动，成为我不断成长的原动力。

妈妈是孩子的光，孩子也是妈妈的光。我想，这是血缘之外，两个生命之间更深的羁绊。希望这本书能帮助妈妈们更好地享受当妈的时光，享受和孩子共同成长的快乐。

如果看完这本书还不过瘾，可以查看附录部分的"光彩书单"，我在这个书单中列出了关于信念与目标、亲密关系、快乐生活、轻松育儿的书籍，就从最触动你的那本开始阅读吧。

最后，欢迎读者妈妈们和我分享故事，交流观点。通过微信搜索公众号"Mrs张小桃"或者微博搜索"Mrs张小桃"都可以找到我。

第1章

梦想被现实粉碎，这不是我想要的生活

一个平凡而普通的人，时时都会感到被生活的波涛巨浪淹没。你会被淹没吗？除非你甘心就此沉沦。

第2章

果断，踏出重塑信心的第一步

犹豫不决往往来源于对标准答案的依赖，习惯在遇到问题时，有一个标准答案在眼前，轻松一选便满分到手。对标准答案的依赖一旦成了习惯，自信也就离你远去了。

第3章

自信，奔向幸福的能量之源

勇气，就是优雅地面对压力。

第4章

目标，滋养心中希望的种子

你所寻觅的，也在寻觅你。

第5章

包容，最温柔处往往最有力量

很多时候，我们坚持的并不是"对"，而是"赢"。

第6章

思考，找到专属自己的最佳答案

想得到一样东西，最可靠的办法是让自己配得上它。

结语

每位妈妈都值得拥有更丰盛的人生

五岁时，妈妈告诉我，人生的关键在于快乐。
上学后，人们问我长大了要做什么，我写下"快乐"。
他们告诉我，我理解错了题目。我告诉他们，他们理解错了人生。

附录 1 / 231

原来，孩子才是我的老师

附录 2 / 239

光彩书单

致谢 / 245

后记 / 248

第一章

梦想被现实粉碎，这不是我想要的生活

一个平凡而普通的人，时时都会感到被生活的波涛巨浪淹没。你会被淹没吗？除非你甘心就此沉沦。

——《平凡的世界》

当妈以后一切都失控了

我们不会败给现实，我们只会输掉勇气。

"你真是无理取闹！"

和先生又一次激烈争吵后，情绪崩溃的我冲进卫生间里放声大哭，觉得全世界都在与我为敌，工作、生活、学业……没有一件事是顺心的，简直糟透了！

过了一会儿，我听到儿子在哭，一声接着一声，哭得上气不接下气。那哭声就像一双手在我的心脏上揉捏，心很疼，疼得让我忘了哭泣。

我想马上冲出去抱抱他，一抬头却看见镜子里的自己，心里一惊：眼睛红肿、头发凌乱、一脸憔悴，这哪里还像朋友们眼中的独立女性、新时代妈妈？！

彼时，我刚刚加入一家创业公司，每天忙得昏天黑地，就连周末也要经常加班，好不容易有空闲时间，还要写研究生毕业论文，留给家庭尤其是孩子的时间被压缩到了极限。

由于承受的压力太大，我感觉自己每一根神经都紧绷着，连带着全家人也跟着我一起紧绷，一不留神就"擦枪走火"。

好多次"走火"之后，我躺在床上辗转难眠，心里有一个声音在拷问自己：那个内心温暖、满是力量的我，去哪里了？

我实在想不通问题出在哪儿，甚至还因此跑去问做心理咨询的朋友："我是不是抑郁了？"

朋友在给我做了测试后说："你顶多是有点儿焦虑，没什么大事。"

我松了一口气。

朋友又问："你觉得自己状态最好的时候是哪段时间？"

我想了想，是怀孕的时候。

记得2012年秋天的一个上午，我穿上最喜欢的那件白色西服，略带忐忑地走进清华园，参加经管学院的MBA面试。

那天的天气很好，阳光很暖，舜德楼里很安静。等待的时间总是很漫长，我把手轻轻放在肚子上，感受着另一个生命的流动，内心的满足感冲淡了紧张的情绪……

那段时间的我，完全是一副不识愁滋味的少年模样，尽管一向怕黑，独自在家也敢关灯睡觉。可是，为什么一"卸货"，我就跟做了换心手术一样，整个人性情大变了呢？

回想生娃后与生娃前，我唯一的差别，就是有了一个新身份：妈妈。家庭成员之间的关系也从两个人的简单，转变成了三个人的复杂，甚至是一群人的相互平衡。不论是我的生活节奏还是人生状态，都在短时间里发生了巨大的变化。

更要命的是，在当妈这个打怪升级的过程中，既没有攻略，也不能组队，甚至连买个抗打击的装备都不行，全靠自学成才，想想确实挺崩溃的。

可是，这个玩法不对呀！

我们的父母呢？

他们是过来人，怎么会没有攻略？

然而现实是：第一，很多父母自己都过得稀里糊涂，除了叮嘱我们好好经营家庭，相互多点包容和耐心，确实没什么靠谱的攻略；第二，世界变化得这么快，就算父母真的苦口婆心传授攻略，但几十年前管用的方法，现在也不一定能奏效。

专家们呢？

手忙脚乱的妈妈们，谁没有过抓着市面上各种专家写的育儿书来救急？

这些书会告诉你，孩子生病了怎么办，哪些游戏能够更好地开发智力，怎么说话孩子才会听……谁知看得越多却越彷徨，太多的信息聚焦在如何搞定孩子上，但妈妈们最需要的是如何搞定自己焦灼的心。

婆婆又给孩子捂那么严实，也不能说，真头疼……

儿子生病了，我又要请假，领导不高兴也没办法，加薪又无望了……

老公只陪了孩子 5 分钟就去看球赛了，好气人……

闺蜜的周末是买买买，我的周末是当贴身保姆，随时待命……

羡慕、烦恼、沮丧、愤怒、悲伤……

现在想起来也是好笑，看了那么多心理学书籍的我，在负面情绪来袭的时候，一样身心俱疲，毫无招架之力。我成了一头随时都可能被激怒的母狮子，一句话、一个动作，甚至一个神情都可以成为压断我情绪控制阀门的最后一根稻草。

在养育孩子的过程中，妈妈最需要确定性带来的安全感，而确定性却正在远离这个快速变化的时代。

"我的生活完全失控了。"这样的抱怨时不时出现在我经常泡的妈妈群里。看着这些被负面情绪困扰的妈妈们，我又想到母狮子一般的自己。

"妈妈"应该是世界上最美好的称呼之一，但我们这样的状态跟美好并没有多大关系。既然我对当下的状态并不满意，那么我到底希望拥有怎样的人生呢？

每个妈妈都想成为孩子的榜样

你想给的，往往并不是孩子想要的。

在我的朋友圈里，有着一群身份千差万别的妈妈——忙得天昏地暗的企业高管，刚开始追逐梦想的创业者，喜欢手绘的普通上班族，一心为家的全职主妇……

但当"你想成为什么样的妈妈"这个问题被抛出来的时候，答案竟然惊人地相似："成为孩子的榜样。"

我继续问："什么叫榜样呢？"

懂得很多，学历够高？

事业成功，赚很多钱？

身材曼妙，有马甲线？

厨艺很好，会做蛋糕？

…………

这些"榜样"都没有错，但我总觉得孩子需要的榜样不仅如此。

《性格的力量》一书中写到，近几年，经济学家、教育家、心理学家及神经学家等专业人士不断地提出一个新的观点：在儿童成长的过程中，重要的不是给孩子灌输了多少知识，而在于帮他们形成一系列有价值的品质，如专注力、自控力、好奇心、责任感、勇气和自信心等。

经济学家把这些品质称为"非认知技能（Non-cognitive Skills）"，心理学家将其称为"人格特征"，而普通人更容易将其理解为"性格（Character）"。

在让孩子形成优秀品质这件事情上，成人世界里的物化标准的影响并没有想象中那么大，甚至根本没有那么重要。

美国明尼苏达大学儿童发展学院在长达30年的时间里，深入研究了早期亲子关系对儿童发展的长远影响，发现婴儿在生命初期获得的额外呵护，最终会转化为好奇心、自信、自立、镇定和勇于克服困难等优秀的品质和能力。

神经学家迈克尔·米尼做过一个著名的实验。

把成年母鼠和一群幼鼠养在树脂玻璃制造的笼子里，研究人员不断挑选幼鼠实施检验或称量体重。有一天，研究人员突然注意到一个现象：当完成检验的幼鼠回到笼子里时，有些母鼠会特别兴奋，并用几分钟的时间舔舐、抚摸幼鼠；而另一些母鼠则对幼鼠置之不理。奇妙的是，这种安抚行为，会大大降低甚至消除幼鼠的焦虑，平衡压力激素的分泌。

后来，研究人员又进行了多次试验，发现了一个更奇妙的现象——那些经常被母鼠安抚的幼鼠们，更擅长走迷宫，更富有好奇心，有更出色的自控力，更健康长寿，甚至还是优秀的"社交家"。

米尼和研究人员看到这个结果，都傻眼了：这小小的细节，竟然能让幼鼠的行为方式产生这么大的差异。更令人震惊的是，就算不是亲生母亲，换成别的母鼠安抚，也能产生让幼鼠更勇敢、更善于适应环境的效果。

孩子在成长初期最需要的，其实并不是多么充裕的物质，也不是多么丰富的学识，而是妈妈给予他们的安全感和归属感，这能让他们满怀勇气地去探索这个新世界。

我想起来有一段时间，儿子很喜欢把他毛茸茸的脑袋凑过来，在我怀里蹭来蹭去。我问他："这样蹭有什么感觉？"他想了想说："温暖。"

我心里也跟着一暖。

原来，我们是从爱的人身上获得"温暖"来滋养自己，再转化成能量回馈给所爱的人。当儿子跑过来抱住我的双腿腻腻歪歪地叫妈妈的时候，"温暖"在我心田缓缓流过。这是孩子给我的回馈。

温暖不仅仅是物理层面上的身体感受，更是内心深处涌上来的依恋、满足、安全、踏实……仿佛回到了生命的初始状态，你并不在意自己身处何方，只顾恬然自得地生长。

我很难想象，镜子里这个眼睛红肿、一脸憔悴、满心焦虑的妈妈，能够给予孩子所需要的温暖，能让孩子体会到生活的美好和成长的喜悦。"成为孩子的榜样"对彼时的我来说，只是一句空洞的口号而已。

如果妈妈敢于追求自己想要的人生，并且有能力活成自己梦想中的样子，自然就会在潜移默化中滋养孩子的心灵，慢慢塑造出一个"榜样"。

道理总是如此简单：温暖孩子之前，你得先让自己发光。

天平、总管、百变，你是哪一种类型的妈

用高质量的生命状态去影响另一个新生的生命，是妈妈送给孩子最好的礼物。

我在朋友圈做了一个小调查，问妈妈们"当妈之后跟当妈之前的生活相比，有什么变化"。妈妈们的回答五花八门，但看下来却让人有些心疼。

1. 眼里只有孩子。

2. 自己跟孩子是一国的，老公和婆婆是另一国的。

3. 职场不敢冲，工作忙一点儿就心怀愧疚。

4. 全职妈妈，没勇气重返职场。

5. 累！

6. 觉得自己应该做一个完美的妈妈。

7. 以前十指不沾阳春水，现在什么都得自己干。

8. 很久没给自己买过新衣服。

9. 出门懒得化妆。

10. 顾不上关照自己。

在这十个答案里，至少有六个都是小雅的真实写照。

作为就职于世界 500 强公司的白领精英，小雅在外人眼里简直完美演绎了什么叫职场得意、情场满意、家庭顺意。小雅经常在她的朋友圈里晒她和孩子惬意、自由、充满爱的亲子时光，下面总有一排朋友们的点赞，还有不少朋友羡慕地评论："哇，好想生个娃。"

而在朋友圈之外，小雅说自己的真实生活状态其实是这样的。

白天为了升职加薪跟一帮小鲜肉、老腊肉们在职场厮杀，晚上回家还得完成自己定下的手工、阅读之类的亲子任务，经常是哄孩子睡觉结果先把自己哄着了，半夜惊醒发现还没卸妆洗澡。

小雅说，从衣着光鲜的名企白领到 24 小时贴身保姆，中间只差了一个周末。

"我现在特别羡慕那些还没当妈的闺蜜，她们一到假期就是逛逛逛、买买买、聚聚聚，打个'飞的'满世界溜达。我的周末只能晒孩子。"

和小雅相比，刚移民澳大利亚的全职妈妈 Chris 的生活状态看起来似乎要简单一些，但也只是看起来而已。

Chris 抱着孩子从医院回到家，突然发现一天 24 小时根本不够用：照顾宝宝、洗衣、遛狗、修整花园、打扫房间、做饭……整天忙得像陀螺，一日三餐变两餐，还经常喝杯牛奶、吃碗泡面就对付过去。

Chris 的邻居养了三个娃，这位老外妈妈不但把家务料理得很好，把孩子照顾得很好，而且每次出门都精心装扮，充满活力。Chris 问我："为什么她的生活看起来那么轻松，我却忙得连饭都吃不上？"

难道外国人天生更会当妈？还是说只有中国妈妈才会陷入自我、家庭、事业的三难选择？

做过南航乘务长的小蓉第一个跳出来说："当然不是！"

孩子已经 8 岁的小蓉，刚刚辞掉稳定的工作，成为一名又忙又美的专业形象顾问和礼仪培训师。

翻看小蓉的朋友圈，不是鸡血满满的各处学习的工作照，就是在海边秀着大长腿的度假照。要不是确定她已经有孩子，我真怀疑这姑娘就是放飞自我的单身一族。

"我是特别顾家的人，如果经常见不到孩子，对我才叫不自由！"

小蓉算是少数在南航有了积累却主动离开这个安全堡垒的人，据说辞职时在圈子里还引起了震动。但看着她现在的生活状态，我觉得这个决定简直太对了！

哦，忘了说，小蓉还是"90后"。

小雅、Chris、小蓉，分别代表了三种不同类型的妈妈。

天平妈妈　　　总管妈妈　　　百变妈妈

- 小雅：天平妈妈。

天平妈妈想"两手都要抓，两手都要硬"。既有自己的事业目标，又被传统观念束缚，想努力相夫教子。在双重身份间做好平衡，会让天平妈妈特别有价值感。然而现实中事业与家庭却往往难以兼顾，使得天平妈妈疲于奔命又摇摆不定。

- Chris：总管妈妈。

总管妈妈认为男人在外拼搏，女人自然在家操持，大大小小的事儿要干，大大小小的人要管。满足家庭成员的需求、建设一个稳定的"大后方"是总管妈妈价值感的来源。总管妈妈眼里很少看到自己，因此也最容易把自己的梦想寄托在孩子身上。

- 小蓉：百变妈妈。

百变妈妈能够对自己负责，不依赖外界认同。没有人能替她们定义如何当妈，什么该做、怎么做、做多好，这些都自己说了算。探索、学习、成长、用生命影响生命是百变妈妈价值感的来源。是的，老一辈人看不惯，但那又怎样？

你现在是哪一种类型的妈？

你想成为哪一种类型的妈？

Chris 每天累得要死，把自己的时间安排得满满当当。我让她适当地排排序，有些事没那么要紧就先不做。

"不行啊，别人家的院子都干干净净，我家的院子总不能全是落叶、乱七八糟吧？狗也得每天遛，老公回来总不能不做饭，吃外卖吧……"

Chris 让我想起了母亲——一个典型的总管妈妈。尽管在国企有稳定的工作，但在她心中料理家务、照顾一家老小才是她的"本职"，每天下班之后的生活就是买菜、做饭、打扫，以及各种收拾。我家有一台老式缝纫机，当年流行自己买布料裁衣服，母亲休假时会呼呼地踩着缝纫机，不一会儿，几块布料就变成了一件衣裳，让年幼的我啧啧称奇。

母亲退休后，我让她多出去走走玩玩，别老待在家里。这时，她才发现自己既没什么兴趣，也没什么擅长的事情。面对苍白的退休生活，她也有点后悔：过去怎么没对自己好一点呢？

我问过小雅，事业和家庭，哪个更能给她带来成就感。

小雅想了很久，说了这么一段话：

"真要说的话，当我接到一个大项目然后解决掉，和团队小伙伴一起庆祝的时候，会特别兴奋，非常满足。"

小雅的事业发展得顺风顺水，一个又一个成功项目让她获得了巨大的成就感。可是，当我建议她专心去职场拼杀，再跟老公商量一下，家里的事好好分工时，她的第一反应是："哪有当妈的完全不顾家的？那还不得被人说闲话啊。"

很多人羡慕百变妈妈的状态，但更多的职场女性仍然会像小雅一样选择做天平妈妈。虽然她们事业成功，但心里永远藏着一根刺——我不能不顾家。她们站在事业和家庭的十字路口，为自己的摇摆不定寻找着合理的解释，于是，"给孩子更好的成长环境"成为天平妈妈们最带劲的"鸡血"。

在家人面前，天平妈妈心怀愧疚，甚至有时还会用愤怒来掩盖内心的脆弱——我这么拼，还不是为了让这个家更好！

天平妈妈是外人眼里的人生赢家，可谁又能理解她们心底的纠结？

小蓉辞职前是一位妥妥的天平妈妈，常年飞来飞去，就算想顾家也是有心无力。有一次，小蓉去幼儿园接孩子，结果女儿像不认识她似的，一个劲儿地往姥姥身边躲。

"当时我心里特别难过。"这成为小蓉转变的契机。

"辞职不等于不工作，更不等于不独立。"于是，可以自己掌控时间，又能保证收入的职业培训师进入了小蓉的视线。她开始自学礼仪培训、正面管教、红酒品鉴、形象顾问，积极探索新的可能。

在用两个月的时间读遍市面上与礼仪相关的书，并整理出一套课件之后，小蓉的第一份培训工作找上了门。当京东、奔驰，甚至天津全运会团队都成为她的礼仪培训客户时，小蓉也完成了从乘务长到职业培训师的角色转变。

"辞职之后去女儿学校接她放学，她居然把我当女神一样介绍给所有人！"

现在的小蓉是一位不折不扣的百变妈妈。她意识到，平衡不同身份也许是一个伪命题，各种纠结、矛盾、困扰背后的真相只有一个：不敢去做自己喜欢的那种妈妈。

在各种犹豫、纠结的内耗中，青春就这样悄悄远去了。

小雅和 Chris 喜欢现在的生活状态吗？

显然没那么喜欢。

她们有能力改变吗？

当然有，但是连她们自己都不相信自己真的能改变。

我很喜欢美国老牌乐队 Eagles 的一首歌《Already Gone》，歌里面唱着：

Often times it happens that we live our lives in chains.

That we never even know we have the key.

我们被锁链束缚，却从来不知道钥匙在自己手中。

很多被现实打败的妈妈，长期被琐事羁绊，并没有意识到自己其实有能力去追求更好的人生，更没有意识到自己其实能够选择。

这种可怕的思维惯性，像一堵墙，挡住了所有的可能性。

生来就知道自己要什么的人极少，所以，人生就是一个追寻的过程。只不过，有人在 20 来岁就寻得了，有人在花甲之年才摸到影子。其实，什么时候寻得并不重要，重要的是，你没有停在原地。

别为了看似确定的未来，忍受当下不满意的人生

有一位妈妈在我的公众号上留言说：有了家庭、孩子以后，好像每天都在维持心中的一种平衡感，尽管对现状不满意，可是周围的人都是这样的状态，自己感觉无力去改变。

我曾经也是这样，对现状不满意，又觉得自己没有自由选择的能力，患得患失，非常焦虑。于是，我当时报名参加了很多培训班，DISC 双证班就是其中之一。上完课没多久，萧秋水老师找到我说："小桃，我知道你可以做什么了！"

我茫然道："做什么？"

萧秋水老师说："你声音条件不错，可以去喜马拉雅讲DISC 的音频课程！"

啊？我行吗？

一没讲过课，二不知道怎么做音频，三做出来没人买怎么办……我一点信心都没有，满脑子都是"我不行"。

萧秋水老师推荐了一位喜马拉雅的编辑，我拉着职场"老司机"胡一刀老师、湖北广播资深制作人大眼睛老师一起商量怎么做这个 DISC 音频课程。主题、大纲、人设、结构……

各种文档都准备好了，但课程却由于各种理由迟迟没有制作出来。

一次，我在飞深圳的航班上看到一个故事，很受触动。回北京后一鼓作气，我用两周的时间制作完成了喜马拉雅音频课程《胡桃职升机》。

课程上架后，秋叶老师、萧秋水老师、小川叔、邻三月、彭小六、易仁永澄、小荻老师等朋友们四处帮我转发。DISC双证班联合创始人李海峰老师不但为我录制了推荐语，还在社群里大力推荐我的课程。《胡桃职升机》上架的第一天，就冲上了新课销量榜前三。这门课程也成为了我签约百度问答、头条问答时最有说服力的个人品牌背书。

现在，这门课程在喜马拉雅上的累计收听量已经超过了600万次，我和胡一刀老师在这门课程的基础上升级的训练营也顺利开到第3期。除此之外，这门课程还为我带来了去一刻Talks录制职场节目和拍摄视频课程的机会。

新的选择接踵而至，一个我从来都没想过的未来，正逐步呈现在眼前。

今天，我也想把那个打动我的故事分享给你——《拔掉那棵橡树》。

老师与学生在散步时看到四株植物。第一株植物是刚刚冒出土的幼苗；第二株植物是已经长得很挺拔的小树苗；第三株植物枝叶茂盛，差不多与学生一样高大；第四株植物是一棵巨大的橡树，学生几乎看不到它的树冠。

老师指着第一株植物说："把它拔起来。"学生用手轻松地拔出了幼苗。"现在，拔出第二株植物。"学生略加力量，便将树苗连根拔起。"好了，现在拔出第三株植物。"学生用尽全力，终于在筋疲力尽之时把第三株植物拔了出来。

"好的"老师接着说，"去试一试拔那棵橡树吧。"

学生抬头看看巨大的橡树，想到刚才拔那棵小得多的树木时已然筋疲力尽，便没有去做任何尝试，直接拒绝。

我们习以为常的生活状态就像最后这棵橡树，看起来太高、太巨大，以至于让我们连尝试改变的勇气都没有。

的确，做出新的选择往往意味着要从一个熟悉的轨道中跳出来，这需要勇气。但是，你不能为了一个看似确定的未来，就忍受当下并不满意的人生。

当然，说服自己改变需要 100 个理由，而选择放弃，一个理由就够了。遇到挫折时产生的任何一点负面情绪，都会成为刚刚鼓起勇气、决定做出改变的你停滞不前的理由。

其实，录制喜马拉雅音频课程并不如我想象中的那样顺利。录制第一节课的时候，Mac 的音频制作程序突然崩溃，三小时的工作白费。祸不单行，花一千多元买的话筒又突然坏掉，完全收不到音。我沮丧地躺在床上想："老天爷你不愿意让我录课就直说，别这么折腾人行不行！"

放弃？还是继续？

纠结中，我问了自己三个问题。

1. 我为什么会沮丧？

因为时间白费了，话筒坏掉了，事情没有按照预期的计划顺利进行。

2. 这是我想要的情绪状态吗？我希望自己是什么状态？

当然不是，我希望自己能够平静地应对问题，想办法继续录课。

3. 我现在可以做什么？

买一个新话筒，重新剪辑音频，随时保存。

嘿，你发现没有，这是个套路。

觉察情绪——三个问题——开始行动

尽管负面情绪会反抗："别想把我赶走！"但是没关系，你可以继续问自己三个问题，直到把这个家伙问烦，你就赢了。

人生最大的限制，不是别人，而是自己。

生活的主动权从来就不在别人手上，大部分抱怨都是在给又懒又怂的自己找借口。

要么懒得思考，只会四处去问："我该怎么办？"希望直接得到答案；要么虽然知道该怎么做，但是事到临头就犯怵，心里百转千回，却始终迈不开行动的那一步。

就像一只蹲在井底的青蛙，盯着头顶的那片天空整天长吁短叹："哎，我什么时候才能看看外面的世界啊。"结果第二天，它仍然坐在相同的地方，保持着相同的姿势，连蓄力一跳的尝试都没有。

开始行动之所以难，是因为在我们的潜意识里，总觉得做了一件事，如果结果不好，那肯定这件事就做错了。而大多数人并不愿意为幻想中的坏结果买单，干脆就止步不前。

实际上，一个决定、一个行为的对错，并不取决于结果的好坏，而取决于是否有利于达成目标。

如果迈出那一步有利于达成目标，这就是正确的选择，啥也别说了，一个字"干"。如果迈出那一步对达成目标无益，就应该果断放弃，换一条对达成目标有益的路，再继续"干"。

只要你心中有了目标，就不要顾虑太多，保持行动跟目标一致，时间会给你答案。

对于小蓉来说，选择自由职业能有更多时间陪伴孩子成长，当然就是正确的，即使过程很辛苦，甚至会遇到一些不理解，也并不会影响她坚定的步伐。而对于小雅来说，找一个好帮手来照顾孩子，让自己能够全心投入工作，同样是值得迈出的一步。

倘若把她们的选择互换一下，行为和目标相悖，两个人都会难受。

小蓉本想多跟孩子在一起，如果因为工作关系无法如愿，会很容易产生自我怀疑：我这么努力工作是为了什么？

小雅能够在工作上得到巨大的成就感，如果一下离开了，同样很容易产生自我怀疑：我到底是为自己而活，还是为别人而活？

即使现在小雅和 Chris 对目标有些不确定，有些摇摆和彷徨，但我相信她们终将迈出更好的那一步。因为，在追逐目标的旅途中，妈妈的决心和毅力不容小觑。

在这个世界上，还有谁能够忍受长达 10 个月的生理巨变和心理波动，忍受数个小时甚至数天的 10 级疼痛，忍受一年半载睡不了一个整觉的辛苦呢？在经历过孕育生命的艰辛之后，还有什么困难能挡得住目标坚定的妈妈啊！

其实，我们每个人都曾经是坐在井底的那只青蛙，也都想过要跳出那口井。只是，许多人就如同当初的我，常常被自己想象出来的那棵橡树吓住。小蓉就果敢得多，当她发现错过孩子的成长是不能承受的遗憾时，毅然选择了陪伴，并在陪伴过程中学习、提升、找机会，开开心心地发展自己，反而打开了新的职业可能，也成为了孩子的骄傲。

每一棵枝繁叶茂的大树，起初不过是一株幼苗。拔掉自己不喜欢的那棵橡树确实很辛苦，甚至还会花费一些时间。但是，重新种一株幼苗，悉心照料，看着它日渐茁壮，长成你喜欢的样子，这画面不是更美吗？

2017 年，我去参加"做自己"论坛，听到古典老师用"Make yourself"来表达"每个人都可以成长为自己想要的模样"的理念，不由地想：如果当初我没有试过拔掉那棵橡树，继续当那只又懒又怂的青蛙，现在的我会长成啥模样呢？

幸好，我这只曾坐在井底的青蛙，开始努力试着往上跳。

慢慢地，一直碰壁的青蛙，跳跃动作越来越标准，每跳一次都离井口近一点。终于有一天，青蛙和往常一样，蓄足力气，纵身一跃，突然眼前大亮，有个声音对他说：

Welcome to the new world.

欢迎来到属于你的新世界。

忘掉标准答案，谱写专属于自己的妈妈乐章

女人最可悲的不是年华老去，而是在婚姻和平淡生活中的自我
迷失。

——苏菲·玛索

　　每个人这一生都会扮演多个角色，在不同的人生阶段这些
角色会依次登场。职业生涯规划大师唐纳德·E·舒伯（Donald
E.Super），将他20多年来的研究成果凝聚成了一张"生涯彩
虹图"（Life-career Rainbow），这个图形象地展示了人们
的多段人生。

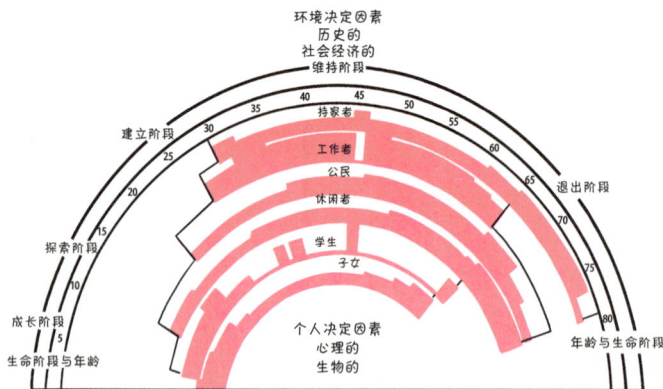

如果画一张妈妈专属的生涯彩虹图，你会发现当妈也是一场多段人生之旅。从襁褓中婴儿的依恋对象，到儿童学习独立时的支撑力量，再到成年后相互扶持与帮助的亲密伙伴，妈妈的角色定位并不是一成不变的。

从青涩到成熟，蜕变贯穿始终。而总指挥从来不是别人，就是自己。

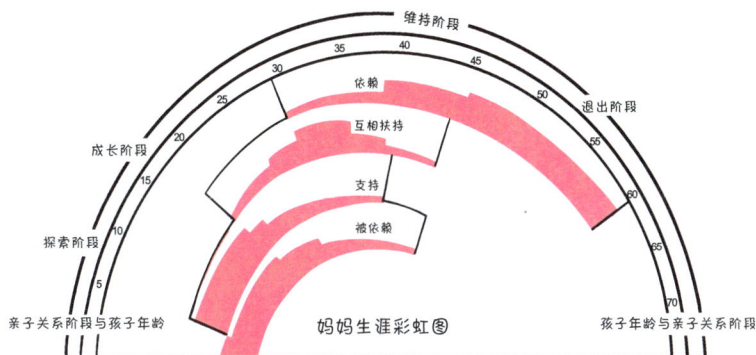

妈妈生涯彩虹图

不同时代，女性对"妈妈"这个角色的理解有所不同。随着时代的发展、外部环境的变化，一个趋势越来越明显——家庭已经不再是妈妈唯一的价值感来源。我身边出现了越来越多的百变妈妈，她们让我看到"妈妈"这个角色更丰富的生命色彩。

很多妈妈，比如小雅，总觉得在当妈之后，人生乐章一下从气势磅礴的交响乐变成了惨兮兮的二胡独奏，只能看着眼前这一本薄薄的曲谱，满肚子委屈地"认了命"。别说行动了，连改变的意愿都弱到看不到。

而像小蓉这样的妈妈，则打心底里认同"我的妈妈生涯我做主"。对她们而言，主旋律一直是交响乐，二胡独奏只是偶尔用来调节气氛罢了。

★ ★ ★

案例：Ada 的烦恼

结婚两年之后，Ada 当了妈妈。还沉浸在初为人母的喜悦中，Ada 的先生就被委派到了国外，将要在国外工作两年。而家里的老人身体又不好，没办法长期照顾孩子。Ada 面临两个选择：要么当全职妈妈，全身心地投入到孩子和家庭上；要么换一个清闲点的工作，保证对孩子的基础陪伴时间。

如果你是 Ada，会怎么选择？

现在的我，两个都不会选，小蓉也一样。因为，我们不愿意过被别人定义的"标准"人生，也不愿意做假装无所谓地自我牺牲。

当我们了解到自己的优势，就会更清楚每个决定背后的意义，更愿意去探索能力的边界，也更有自信去创造第三个选项。

小蓉的第三个选项是做独立培训师，这可不仅仅需要勇气，她在两个月内看完市面上所有与礼仪相关的书，熬夜整理授课资料的辛苦，如果她自己不说，谁会知道？

过去路程很远，车马很慢，一辈子只够爱一个人。一份工作、一杯茶、一张报纸过一天，岁月静好，安稳到老。但真相是，不是人们不想选择，而是根本没有其他的选项。

母亲现在每次跟我打电话时都会叮嘱："一定要多为自己想，照顾好自己的身体，过好自己的生活，什么都比不上自己活得高兴。"

老太太所在的年代没有其他选项，她用了大半辈子才明白这个道理。如今想开了，旅游、跳舞、KTV玩得不亦乐乎，还经常在微信群里发小视频秀嗓门，时下流行的歌曲都会唱，比我洋气多了！

时代真的变了。

小时候不起眼的女同学分分钟成了创业公司CEO，隔壁家扎小辫儿的跟屁虫一转眼成了"网红"，天天在家琢磨做饭的全职妈妈成了美食家……原来怎么都料不到的可能性，就这样如烟花般灿烂地绽放在眼前。

社会的包容度在提升，人们的价值观越来越多元化，个体意识有了更多的表达空间。既然如此，我们又何必再纠结怎么做一个符合大众标准的妈妈呢？

小雅曾经跟我说，看起来她拥有一切——蒸蒸日上的事业，一个好老公和可爱的孩子。但有时候她真想不化妆，不管孩子和老公，就赖在沙发上看一整天的美剧，大声说："老娘今天什么都不想干，就想自己待会儿！"

"但是，我做不到……"

如果换一个角度来看小雅的困扰，其实并不是"能不能"的问题，而是"要不要"的问题。

有一次部门开会，会议主题是分享个人职业规划。我说完之后，有人就感慨：老公拼就好了，女生这么拼干什么。

我从体制内离开时，去清华读书时，在创业公司拼搏时，身边总有人说不行。因为在他们的认知里，女人就应该找一份稳定的工作，拿着差不多的收入，顾顾家、养养孩子就行了。

那些觉得我折腾的人，觉得我太拼的人，他们从内心深处就不相信，每个人都值得拥有自己想要的生活状态。他们也不会明白，找到最适合自己的人生节拍时，那种身心节奏契合的快乐。这种快乐，不是听相声、看喜剧时的哈哈大笑，而是找到自己位置时，内心充盈着自信和满足的快乐。

妈妈确实是世界上最伟大的职业，但谁说"伟大"只能有一种模样？

一直以来，我们习惯于什么都照着标准来做，一旦做得不符合标准就开始自我怀疑。当对"标准"的迷恋成为一种本能时，我们不仅拥有了焦虑，还失去了真正宝贵的东西——自己。

然而，标准的都是"工业品"，不一样的才是"艺术品"。不要让"标准"限制你的想象力，不要让"就这样吧"限制了你人生的可能。

有人说，当妈会让女人变得勇敢。而勇敢不仅仅体现在对孩子的庇护上，还体现在对自己生活的把控与选择上。

没有人能给我们制定所谓的"标准"，"准确"不存在，"适应"和"迭代"才是关键。

妈妈的人生节奏应该由自己来谱写——选哪个音符，每个音符放在什么位置，自己来决定。

要相信，不论命运的车轮如何转动，选择的权利都始终握在自己手中。

乔布斯曾经说过一段话：

时间有限，所以不要浪费时间活在别人的生活里。

你要有勇气去听从你的直觉和心灵的指示——

它们在某种程度上知道你想要成为什么样子，所有其他的事情都是次要的。

明确知道自己想要的生活，可以带来清晰的目标感。去实现目标，是你可以为自己做的更有创造力的事情。

对妈妈来说，舒服的人生状态莫过于"我知道自己现阶段想要什么，我有明确的目标，并且我有能力用自己喜欢的方式完成目标。"

怎样才能拥有这样的人生呢？

八个字：感性决策，理性行动。

有妈妈会问：决策这么重要的事情，怎么能交给感性呀，不是应该理性分析吗？

认真回忆过往，我们会发现，做很多大大的小小决策时，我们往往是随心而动的：先有了想法，再开始找支持的理由。

比如，问一位妈妈："为什么要控制孩子吃零食？"妈妈回答："零食不健康。"那么这个妈妈多半也会控制孩子喝饮料，因为她做决策的出发点是希望孩子拥有健康。显然，这是感性需求。

很多爷爷奶奶知道零食不健康，但孙子一说要，就会立刻买。对长辈们来说，哄孙子开心是不需要理性思考就能做出的决定。

日常生活中的小事多以感性为主导，人生重大决策更是如此。我们很难去享受一件内心不接受的事情，很难和一个内心不喜欢的人正常相处，很难说出一句内心不认同的话。倘若可以，那必定是调动了理性，启用了强大的意志力。

长期靠意志力行事，会很累，会像小雅和 Chris 一样，虽然看起来事事顺利和谐，但内心总拧巴着，就好像有一个洞，怎么都填不满。

小蓉就不同，她辞职的决策，和内心想要陪伴孩子成长的渴望步调一致。为了更好地达成目标，小蓉理性地做了很细致的思考和准备，包括决定从事礼仪培训行业、买书学习、制作课件、寻找讲课机会等，并最终成功转型为工作时间更自由，又有不错收入的培训师，快乐地享受着亲子时光。

感性决策，是把人生的方向盘交给自己的心，让真挚的情感决定你要去哪里。理性行动，则是把行驶的过程交给自己的头脑，让冷静的思考帮助你抵达终点，收获满心的欢喜。

★★★

【练习】

现在，我们可以一块儿来做一个感性决策、理性行动的小练习。

给自己安排一段安静的时间，坐在书桌前，闭上眼睛，想象一下十年后的自己在什么地方，穿着什么样的衣服，脸上是什么样的表情，整个人是什么样的状态。

然后拿起纸笔，听从直觉和心灵的指引，回答下面三个问题。

1. 我想要的生活状态是：

_____

2. 我希望实现目标的时间是：

_____

3. 为此我可以做出的努力是：

_____

聪明的你一定发现了，第一个问题是用感性来定方向，而第二个问题和第三个问题是用理性来做分析。

如果后面两个问题一时想不到答案，可以先找一件你擅长的，曾经做成功的事情，看看能不能针对这件事情回答以下问题：为此要付出什么样的努力？要花多少时间？

在从没做过的事情面前，我们很难建立自信。因为自信往往源自过往成功经验形成的正反馈，这些正反馈会慢慢沉淀为能力。当我们对自己的能力没有把握，不知道这个事情到底能不能做到，能做到什么程度，要用多少时间时，当然会心虚。

古典老师在《你的生命有什么可能》一书中说：所有的美好人生都是修炼和管理出来的。我在这句话旁边写了个大大的"YES"。感性决策确定目标，是设计自己人生路线的第一步，要想通过理性行动走到终点，还得看你是不是具备沿路而行的能力。

有句老话说"机会只给有准备的人"。我从来不相信存在天上掉馅饼的幸运，那些活出自我的妈妈们，依靠的并不仅仅是幸运，更重要的是，她们清晰地描绘了自己想要的生活状态，足够认同自己的角色定位，并为达到这种状态付出了巨大的努力。

在观察身边我所欣赏的妈妈时，我发现她们背后都有一些相似的小秘密。

比如：

她们时刻保持着孩子般的好奇心；

她们做什么事都很专注，而且会持续努力；

她们对事情总有自己的理解和解释，很少人云亦云或被别人牵着鼻子跑；

她们不会让犹豫和纠结成为前进的绊脚石，真遇到问题了就想办法解决。

当我把这些小秘密一个个列出来后，发现从初为人母时的失衡，到实现内心需求和现实生活的平衡的这个过程中，她们做对了四件事。

Goal：有目标
知道自己到底要什么

Open：心态好
既有自信又够包容

Logic：爱思考
想法和判断总有依据

GOLD黄金路径

Decisive：善决断
遇事敢拍板，有担当

有目标（Goal）：知道自己到底要什么。

心态好（Open）：既有自信又够包容。

爱思考（Logic）：想法和判断总有依据。

善决断（Decisive）：遇事敢拍板，有担当。

这不就是妈妈寻找自我、书写美好人生的"GOLD 黄金路径"吗？

每个妈妈都可以拥有更丰盛的自我，更平衡的人生状态。和年龄同步增长的，不能只有鱼尾纹，不断的自我迭代才会滋养出最美的生命之花。

我们要做的只有一件事：修炼。顺着这条黄金路径重塑自信，然后胸有成竹地去追求属于自己的美好人生。

好莱坞电影《当幸福来敲门》里，威尔·史密斯扮演的Chris告诉儿子：

不要让别人告诉你做不到，即使是我也不行。

如果你有梦想，就要捍卫它。

总有些人，因为自己做不到就说你也成不了器，不用管他们。

如果你想要什么，去争取就对了。

心理学研究指出，人都有自己高于平均水平的错觉。如果在一个圈子里待太久，还会觉得自己挺不错的。这其实是一种倒退。丑小鸭一直在鸭群里，就不可能知道自己原来是天鹅。

如果身边的人都不敢去追逐梦想，你更要积极地踏出第一步。只有这样，你才能讲出不一样的东西，吸引不一样的朋友，进入不同的圈子，并最终打开人生新的可能。

现在，忘掉那些"标准"，先回答一个问题：

我到底想做一个什么样的妈妈？

然后，让我们一起来给自己定制一个梦想中的美好人生吧。

第 2 章

果断，踏出重塑信心的第一步

犹豫不决往往来源于对标准答案的依赖，习惯在遇到问题时，有一个标准答案在眼前，轻松一选便满分到手。对标准答案的依赖一旦成了习惯，自信也就离你远去了。

光想不做，换不来期待的生活

我的大学同学田甜在孩子出生之后就辞职回家当了全职妈妈，一转眼孩子快上幼儿园了，田甜就动了回归职场的心思。

"在家待久了，看到的世界就只有一个房子那么大，心也变小了，每天想的除了孩子就是老公。现在孩子大了，我也得找点自己的事情做。"

冒出这个想法之后，田甜开始了漫长的准备过程。之所以漫长，并不是因为找工作这事有多复杂，而是她总觉得自己还没有想清楚。不知不觉，半年就过去了。

我好奇地问田甜哪里没想明白，她拉着我一聊就是半小时：想干什么，有哪些选择，每个选择好在哪儿，有什么问题……可是，一说到什么时候开始干，田甜就直接怂了。

田甜的感受我特别能理解，因为我曾经也跟她处于同样的境地。

四年前，我每天的生活是这样的：送孩子去幼儿园，上班，下班，陪孩子，睡觉。

职场妈妈的标准节奏。

这样的生活看起来很充实，可是我每天都觉得很累，觉得哪里不对。一想到往后的人生都这样重复，哎……一声叹息。

我问自己，到底想要什么呢？想了很久，最后脑海中浮现了五个字：选择的自由。

于是，我就开始定目标，找选项。那一年，"斜杠青年""个人品牌"的说法很火爆，仿佛人人都开始追求本职工作之外的个人标签以及副业收入，我也跃跃欲试，心想：有一个辅助技能不就多了一个选择吗？

接下来，我就跟现在的田甜一样，查资料、看书、听课，把建立个人品牌要做的事情一件件都列了出来，画了一个特别复杂的思维导图。

然后三个月过去了，所有要做的事情还是停留在一张思维导图上。

如果不是后来有一天我心血来潮，这张思维导图可能会一直待在我的电脑里。

那天，我也不知道怎么回事，发了一条朋友圈："我要连续写21天文章，每篇文章2 000字，你可以来支持5块钱。如果我做到了，5块钱退给你；如果我没做到，请你喝一杯咖啡。"

朋友圈刚发出去不久，微信支付就不断地提醒我有收入，最后一共有50多个朋友参与。我骑虎难下，只好开启了自己的公众号写作之路。

21 天很快过去了，朋友们没喝到我请的咖啡，公众号到积累了第一波粉丝。意外惊喜是，婆婆看了我写的育儿文章后很认同，我俩在此后的相处中多了很多默契。

我在连续写作的过程中最大的收获是，对思考和行动有了不同的理解。曾经的我怀揣着一张"藏宝图"，以为只要保存好这张图，"宝藏"就跑不了；后来我终于明白，"宝藏"确实跑不了，但停留在原地的人永远也找不到。

爱因斯坦说过，我们不能用发现问题时的能力来解决问题。"藏宝图"再好，也比不上脚踏实地地探索。探索的道路上有再多艰难险阻都不要紧，只有打的怪够多，操作才会熟练，升级才会更快，才可以拿到能量补给包，并奔向最终的目标。

思考，是发现问题的起点；行动，是解决问题的起点。

这个世界很公平，顺着一个方向坚持走上三五年，总会小有成就。那些看起来厉害的人，只是比你走得早一点、久一点而已。

好饭不怕晚，但你得先把火点燃。

不过，人生的矛盾就在于，我们在脑海中确立的目标看似唾手可得，放到现实中却往往难以触及。当这种巨大的落差横在面前时，负面情绪就会扑面而来，根本不见果敢的影子，"点火"这种看起来抬抬手就能做到的事情，变得如此困难。

无法迈出第一步，怎么办？

回想促使我开始行动的朋友圈"赌局"，有三个特点。

第一，这是一个在能力范围内的阶段性小目标。

连续写 21 天文章，对于曾经在媒体行业工作、写过很多年新闻稿的我来说，只要能安排好时间，并没有难度。这也是我潜意识里的一个选择，如果完全没有信心，肯定不会这么冲动。

第二，这是一个公开承诺。

我收了钱，而且是朋友们的钱。

虽然钱不多，但收钱就得办事，不能牺牲我在朋友圈的信誉。这种外部压力，简直就像无形的小鞭子，不用挥舞就能让我乖乖就范。

第三，有及时反馈。

每天我都会把写好的文章发到朋友圈，参与的朋友自然会来看而且点赞。这种及时反馈是非常有效的激励，让每天哄睡完儿子便挑灯夜战的我奋笔疾书，不知疲倦。

这三个特点组合在一起，就成了帮助我点燃行动火焰的"果断三角"。

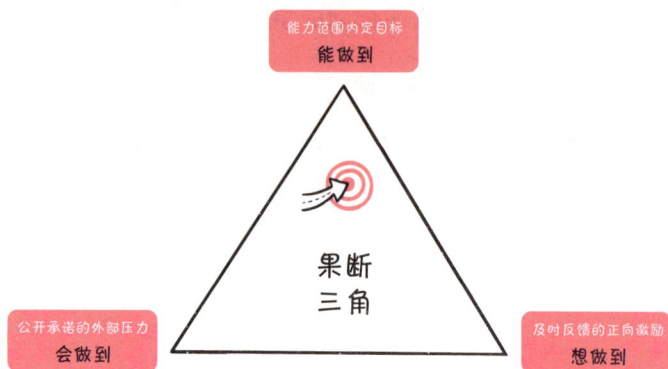

田甜的问题太适合用"果断三角"来梳理了，于是我赶紧教她怎么用。田甜照着这张图写写画画半天，交了一份作业。

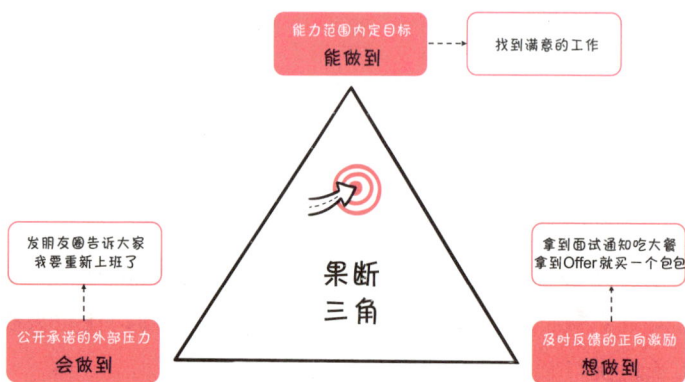

你觉得田甜能马上行动起来吗？

答案是"不能"，因为田甜的目标设定有问题。

首先，正确的行动目标，自己得有决定权。

找到满意的工作并不是田甜一个人就能决定的。田甜用自己并没有太多决定权的事情做目标，还没等到正向激励，就该打退堂鼓了。

写简历、投简历、决定要不要参加面试，这些田甜自己能掌控的事情，更合适作为行动目标。

其次，目标要符合SMART原则。

我要找到新工作，这个月开始每天跑步，每天要看会儿书，要开始减肥，晚上不吃饭了，要戒掉王者荣耀……

这些叫想法，不叫目标。

目标，是你要去的那个确定的地方。

拿瘦身来说，怎么瘦，瘦哪儿，愿意投入多少时间、精力、金钱来变瘦，这些问题搞不清楚，就相当于有一个绝世美女说："我要天上的星星。"然后一堆汉子围上来跃跃欲试。怎么摘天上的星星呢？不知道。美女看着星星干瞪眼，汉子也只能看着美女干瞪眼。

SMART原则是管理大师彼得·德鲁克在《管理的实践》一书中提出的绩效目标制定方法，可以用来厘清目标的设定是否清晰、可执行。

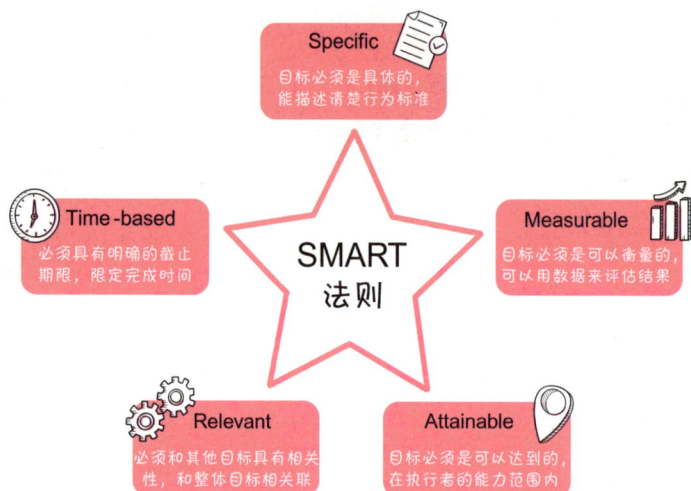

1. 目标必须是具体的（Specific）

   能描述清楚行为标准。

2. 目标必须是可以衡量的（Measurable）

   可以用数据来评估结果。

3. 目标必须是可以达到的（Attainable）

   在执行者的能力范围内。

4. 必须和其他目标具有相关性（Relevant）

   和整体目标相关联。

5. 必须具有明确的截止期限（Time-based）

限定完成时间。

田甜要找一份好工作，那么，准备在多长时间内找到？什么样的工作算好？有目标的公司和职位吗？需要做哪些准备？

如果没想过这一堆问题，那么等三分钟热度一过，太阳照常升起，目标还只是目标。

用 SMART 原则重新制定的目标，应该是这样的：我要在一个月内，认真分析 A、B、C 公司的 D、E 岗位要求，修改简历并投递。

这样的新目标看起来更清晰，是否完成也一目了然，后面要定激励计划也就容易得多。

经过调整以后，田甜的"果断三角"变了模样。

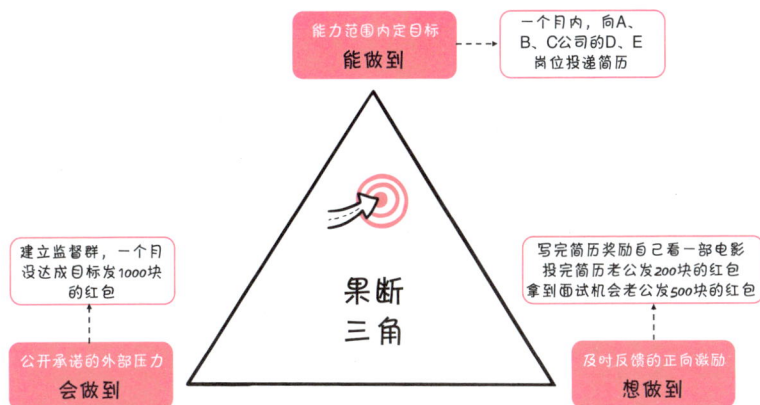

现在你觉得田甜是发红包的可能性高，还是收红包的可能

性高呢？

两个月后，我收到了田甜发来的好消息：已经收到一家心仪公司的 Offer，离家不远，对薪酬也很满意。

好饭不怕晚，有"果断三角"护体，点火不再是问题。只要踏上了行动之路，问题也不再是问题。

★ ★ ★

【练习】

你有没有想了很久却一直没做的事情呢？用 SMART 原则重新制定一个目标，再用"果断三角"让自己动起来吧！

目　标	瘦　身	学 手 绘	学 厨 艺	学 英 语
Specific	瘦 20 斤			
Measurable	每周跑步三次			
Attainable	每次跑半小时			
Relevant	早睡 + 控制饮食			
Time-based	三个月			

共赢，走向幸福的必修课

田甜重返职场没多久，就因为孩子教育方式的问题和老公发生了激烈冲突。

以前主要是田甜教育孩子，老公很少参与，自然谈不上矛盾和冲突。现在田甜要上班，老公就免不了要多照顾孩子，分歧就暴露出来了。两人经常说着说着就开始争执，继而当着孩子的面大吵，最后多以田甜情绪崩溃告终。

我一边听着田甜的抱怨，一边在心里默默点头——这简直就是我家过去情景的重现。

自从石头上幼儿园之后，关于怎么教育孩子才对的争论就隔三岔五在家里发生。我极度反感石头爹简单粗暴的呵斥，而石头爹也极度反感我讲教育方法，总用一句话怼回来："不用你教我怎么当爹。"

这句话就像一个炸弹，直接把我的理智炸开了花。

尽管我们俩都知道在孩子面前争吵不好，但谁都控制不住自己愤怒的情绪，一头钻进了非要争输赢、对错的情绪迷宫。至于争论的起因到底是什么，早就被抛到了脑后。

这样的情况持续了一年多，期间我们曾多次讨论应该怎么解决冲突：石头爹希望我以后不要当着孩子的面反驳他，我则希望石头爹改掉动不动就呵斥石头的毛病。然而，冲突并没有如预想般化解，反而在一次次的故态复萌中日益激化，甚至延伸到平常的相处中。

我一度认为这个矛盾是无解的——如果石头爹不改变态度，我就不可能改变我的行为。于是，双方正常沟通的通道被封锁，争吵的频率越来越高，芝麻绿豆大点儿的事都会引发冲突。

直到有一天，石头爹再次对着石头怒吼，实在忍无可忍的我，把积蓄了很长时间的不满一次性倒了出来，而且越说越激动，甚至还聊到了我童年的经历以及内心恐惧的来源，而这恰恰就是我对他的简单粗暴本能抵触的根本原因。

说来难以置信，孩子都会打酱油了，我还是第一次跟石头爹这样坦诚地展露内心的想法。

当提到石头带给我的爱和感动时，我泪如雨下，说道："每一个孩子都是天使，我不明白为什么你不愿意好好爱天使。那样简单粗暴的方式带来的只有恐惧，没有爱。"

我又说："你凶石头的时候，我看到他眼里都是恐惧。石头跟我说过，我跟他发脾气的时候，他总觉得我不爱他了。家应该是最能让人觉得安全和放松的地方，父母应该是最值得孩子信赖和依靠的人，如果孩子感到的是恐惧而不是爱，他就不会觉得家里是安全的、父母是值得信赖的。"

我问石头爹："难道你希望石头认为我们不值得信赖和依靠吗？"

他没说话。

我继续道："石头还跟我说过，当我对他温柔地说话，亲亲抱抱的时候，他能感受到爱。这个时候，他觉得自己是安全的。"

石头爹沉默了好一会儿，说："我不知道为什么变成了自己小时候最讨厌的样子。"

然后，史无前例地，石头爹有了想要改变的决心，他对我说："你看了那么多书，懂那么多道理，你能不能帮帮我。"

我怎么可能拒绝呢？要知道，过去他可是一直强硬抵触我的任何提醒，更不要提主动请求帮助。

随后，我们俩第一次心平气和地剖析问题、商量办法，并达成了一份《家庭公约》。石头爹还开始学习一些教育的知识和方法，每天跟我交流学习心得。我能够感受到他在慢慢调整和改变，这简直是太棒了！

《家庭公约》

家 庭 公 约

一. 设置"发泄屋", 情绪激动时、心情不好时, 去发泄屋宣泄情绪.

二. 心情不好时, 请向其他成员表述, 获得理解, 其他成员需要给予支持.

三. 爸爸或妈妈管教孩子时, 另一方不干预. 有不同意见事后沟通.

四. 禁止体罚.

五. 对家庭成员好好说话, 有情绪时先说"提示语".
    爸: 丫头, 我想你谈. / 儿子, 我跟你谈.
    妈: 丫头, 我现在很生气. / 爸爸, 我跟你谈.

六. 每周六晚餐后是家庭会议时间.
    A. 轮流主持.
    B. 依次表扬其他成员本周的好行为和进步.
    C. 依次向其他成员提出新的期望.
    D. 主持人总结.
    E. 互相说"我爱你" 结束会议.

七. 实施时间
    2019年4月1日起实行.

学习心得：

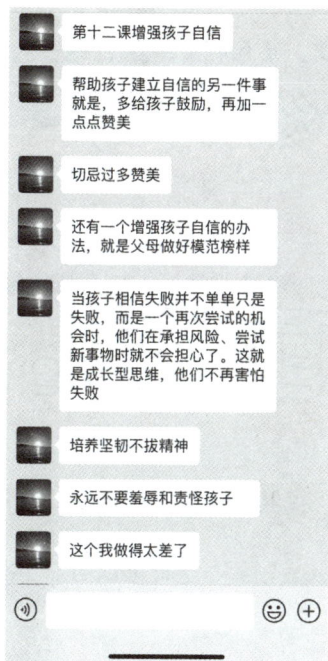

我把自己的故事分享给田甜，她问："难道我也要'血泪控诉'一次吗？"

"不不不，'血泪控诉'不是重点，重点是我们开始正视问题，并且趁热打铁搞了个'公约'。"

"那我应该怎么做呢？"

"跟你分享一个神奇的工具：家庭协作四叶草。"

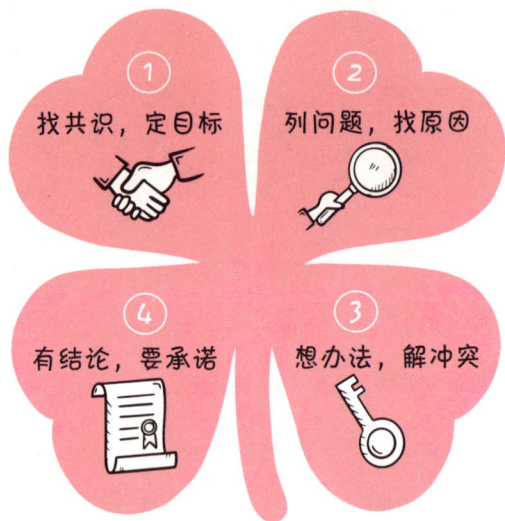

第一片叶子：找共识，定目标。

共识不是嘴上说"行"，而是以符合共同利益为前提的、打心底里的认同。

在我和石头爹的"斗争"过程中，我们虽然曾经提出过解决冲突的办法，看起来是达成了共识，但两人都是站在"我"的立场上想问题，出发点是争输赢，因此忘记了我们不是对手而是战友，忘记了要协作不要对抗，忘记了共同立场只有一个——我们仨。

真正的共识应该基于信任，而信任的前提是坦诚。

那次"血泪控诉"是一个契机，当我说出内心的真实感受时，我的立场已经从"我"变成了"我们"。没有为自己考量的私心，自然不存在输赢，这才让我跟石头爹达成了真正的共识——给孩子一个有爱、有安全感的家。

有了共识，育儿目标就更清晰了——不仅仅是控制情绪那么简单，而是要学会如何表达爱，如何创造一个温暖的家庭氛围。

第二片叶子：列问题，找原因。

那么，要达成这个目标有哪些障碍和问题呢？

我们拿出一张白纸，把引发冲突的场景、互相不满意的问题都列出来，再把相似的内容合并，总结出两大类障碍和问题。

第一，石头爹看到自己不喜欢的行为就批评，会让人感觉到不被接纳，下意识地进行自我保护。于是我就会反击，最后演变成互相指责。

第二，石头爹情绪爆发时会猛地大喝一声，让人吓一跳。我对于他的这种反应特别排斥和抵触，会直接阻止，导致火力升级。

我把石头爹的这种行为形容为"扔情绪炸弹"，让自己的负面情绪突然"爆炸"，毫无预警地引发"战争"。因为在他心里，排在第一位的是个人喜好和权威，而不是家庭和睦，也就是说，"我"比"我们"更重要。

在达成共识之后，石头爹觉得和谐相处比个人喜好更重要，接纳比正确更重要。权威不是来自高压，而是来自认同。让孩子因为恐惧而服从，和让孩子因为信任而配合，看起来结果一样，但是亲子关系的质量却有天壤之别。

要知道，石头爹过去可不是这样想的，他经常说的一句话是："男孩子就应该有一怕。"能有现在的改变，我都有种中了彩票的幸福感。

第三片叶子：想办法，解冲突。

就算认识到了接纳与和谐的重要性，要完全改变几十年来的行为模式，一下子把"情绪炸弹"全部销毁，也是不可能的事情。只能先慢慢降低"情绪炸弹"的破坏力，从约束日常行为开始努力。

我们讨论出来的第一个办法，是为情绪建立宣泄的出口，把"炸弹"扔到"无人区"——在房间里放一只半人高的玩具熊，当发生冲突，感觉自己已经无法控制情绪的时候，任何人都可以去向玩具熊发泄，其他人自动避开，以免被误伤。

第二个办法是石头教我的：设置"情绪缓冲区"。

有一次我被石头拖拖拉拉的行为搞得烦躁无比，说了句："臭小子，你能不能快一点！"石头突然就生气了，说："不要叫我臭小子，叫宝贝！"

我敷衍地回应："宝贝，你能不能快一点？"当说出"宝贝"两个字的时候，我内心的躁动竟然平复了很多，话语里的攻击性也随之降低，石头听到之后也明显更愿意配合。因为这个称呼，使话语中首先传递出了爱。

简单的语言蕴含着神奇的能量，让"炸弹"的杀伤力至少降低了一半，引发冲突的可能性自然也小了许多。

这是设立"缓冲区"的基础：有一个传递爱的称呼。

当"情绪炸弹"扔过来的时候，越是毫无防备，杀伤力越大。如果能够用一句话提醒对方"我要开始点'引线'了，'炸弹'来了"，留出两秒，让人能跑进"心理防空洞"，也会大大降低冲突的影响力。

在我控制不住要扔"情绪炸弹"前，会先说一句："石头，我要生气了！"往往这句话一说出来，石头就会很快调整自己的行为，把"炸弹"的"引线"踩灭，因为他并不喜欢"战争"。

我建议石头爹也用"我要生气了"做"缓冲区"，却遭到拒绝，理由是"男人不会这么说话"。好吧，缓冲区的设置一定要能够顺畅、舒服、自然地把话说出来才最合适，所以石头爹最后确定的这句话是"石头，爸爸跟你说"。

接下来我有点得寸进尺，提出希望石头爹在面对我的时候也有一个"缓冲区"——"亲爱的老婆，我跟你说"。结果再度遭到拒绝，因为"爷们儿不会这么说话"。我只好退让，接受了他觉得舒服的表达方式"媳妇儿，我跟你说"。

后来，我从沟通专家Liliane（邹璐）姐姐这里知道，原来"我要生气了"这句话传递出的能量是示弱，是希望对方理解我、同情我；而"我跟你说"这句话传递出的能量是掌控，是要对方听从、服从。

难怪我觉得特别自然的表达，会在石头爹那里遭到抵触，这就是男性和女性思维的差异吧。

要让家庭充满爱和信任，光是管理负面情绪可不够，还需要很多正能量。可是，我们的文化传统里并不习惯互相鼓励和赞美。于是，我们有了第三个办法——表扬与自我表扬的家庭会议。

我们约定每周开一次家庭会议，轮流主持，就这一周的表现，互相表扬对方做得好的地方，再提出对下一周的期许。我特别强调了一点：禁止批评。如果觉得家庭成员有地方做得不够好，直接说期许即可，不要给负面评价。

因为，不管外面的世界如何变化，我都希望家是永远的能量补给站。

第四片叶子：有结论，要承诺。

建立了共识，找对了原因，想出了办法，问题就完美解决了吗？

并没有。

我把结论写在一张白纸上，命名为《家庭公约》。在和石头爹共同确认后，我将《家庭公约》贴在了餐厅的醒目位置。这就成了公开承诺，随时提醒自己，也随时准备好被监督。

　　看到这里，你一定发现了，"家庭协作四叶草"就是"果断三角"的升级版。

　　没错，建立共识让我们"想做到"，三个办法让我们"能做到"，张贴《家庭公约》让我们"会做到"。给原来的配方加点料，威力就变大了很多呢。

　　"家庭协作四叶草"很好用，但并不是化解家庭冲突的灵药，而更像磨合家庭矛盾的润滑剂，让家人之间能够更好地接纳彼此。

　　几十年不同的人生经历把我们塑造成了各自的样子，有棱角也有软肋。磨合不是要让我们去掉棱角，而是让我们像齿轮一样，我知道你这里有一个角，我就在这个地方变软一点，出现一个凹槽；你知道我那里有一根刺，你就在那个地方变软一点，出现一个凹槽。这样才能使齿轮咬合好，处处都能卡得上，进而好好运转下去。

　　变软不是退让和忍受，甚至不是理解和包容，而是只要能看见角和刺的存在，就足够了。

　　很多时候，那个角、那根刺明明就在眼前，只是我们拒绝看见而已。

　　歌德曾经说过："人类凭着自己的聪明，划出了一道道界限，最后又凭着爱，把它们全都推倒。"家庭里没有难解的矛盾，只有问题的逃兵。是在习惯里苦恼，还是在阵痛中快乐，这是一个考验爱的选择。

化繁为简的高效决策法则

生活中的烦恼，往往来自犹豫和迟疑。如果是自己做出改变就能解决的烦恼，首选"果断三角"，可如果遇到比较复杂的决策，就得换一种方式了。

一、大事必用"决策评分表"

我的朋友燕子准备改善居住环境，换一套大一点的房子，最近在四处看房。可是，看得越多心里就越打鼓：选这套吧，总觉得户型差一点；选那套吧，又超了点预算；现在交定金万一之后又看到更合适的呢，不交定金万一被别人买走了呢……每天看燕子的朋友圈，都能感受到她的焦躁。

像买房这样涉及因素较多的复杂问题，"果断三角"并不是最佳工具。我们可以用"决策评分表"来帮助自己做决定。

决策评分表是通过量化的数字，来看到底应该怎么做决策的工具。在这个表格里，可以把大目标拆分为更为具体的小目标，然后根据评价标准来打分，把模糊的对比清晰化、精确化，从而做出决策。

小 目 标	评 分	评 分 标 准

燕子想改善居住环境，把原来的两居室换成三居室。这只是一个想法，不是目标，所以不能使用 SMART 原则。

如果把购房预算是多少，房龄多长时间，对地理位置、小区环境、户型有什么要求……这些问题一一写下来，燕子的购房目标就清晰多了。

1. 换成三居室，房龄 10 年以内，有电梯。

2. 孩子的学校不能换，房子最好在学校方圆 5 公里以内。

3. 户型周正，最好朝南，其次朝东，使用面积大。

4. 对小区环境和物业管理要求比较高。

5. 购房总价不超过 600 万元，首付不超过 50%。

现在，可以把五个目标按重要程度由高到低排序，排序的结果为：三居室 > 地理位置 > 户型 > 小区环境和物业管理 > 预算。再自上而下填入评分表，因为三居室是必选项，所以可以先省略不填。

这时候我们会遇到一个问题，评分标准怎么定才好呢？

可以先设定一个标准分，如 0 分，比标准好的就加分，比标准差的就减分。

燕子想买房龄 10 年以内、带电梯的房子，就可以先把房龄 10 年设定为标准分 0 分。房子当然是越新越好，因此房龄每少一年就加 1 分，每多一年就减 1 分。电梯只有两个选项：有和没有。因此电梯不需要单独考虑，合并在房龄中计分就可以了。

把目标和评分标准都填进表格里。

购房标准	评分	评分标准
房龄 10 年以内，有电梯		房龄 10 年记 0 分；每多一年减 1 分，每少一年加 1 分；没电梯减 1 分
学校方圆 5 公里以内		离学校 5 公里记 0 分；距离每近一公里加 1 分，每远一公里减 1 分
户型周正，朝南、朝东		户型周正记 0 分；不周正减 1 分，朝南加 1 分，朝东不加分也不扣分，其他朝向减 1 分
纯住宅，好物业		纯住宅记 0 分；景观设计好加 1 分，知名物业公司加 1 分，自供暖加 1 分
预算 600 万元		房价 600 万元记 0 分；每多 5 万元减 1 分，每少 5 万元加 1 分

小目标可以根据实际看房的情况调整，如果在离学校 5 公里以内确实找不到合适的房子，可以调整为离学校 6 公里、7 公里以内。

看房的时候带着这张表格，或者把这张表格复制到手机里，现场就能打分。还可以附上实景照片做参考，回家以后再跟家人仔细比较，挑出最中意的。

对于重大事件的决策，量化对比的好处是我们不会被情绪和记忆搅乱思绪，做决定时更有信心，决定之后也不会后悔。因为表格和图片都在证明，这就是最好的选择。

二、小事可选"决策甜蜜区"

在日常生活中，并不会经常遇到像买房这样的大事，更多的是"今天晚上吃什么""要不要给孩子看动画片""买什么牌子洗发水"这样的平常琐事。虽说事都不大，但是时不时纠结、犹豫一下，也是很烦的。这时候如果搬出"果断三角"和"决策评分表"就有点大材小用，那么有什么更好的办法呢？

从美国职业棒球大联盟的传奇人物泰德的故事里，我们可以找到答案。

泰德被誉为"史上最佳击球手"。他能够打出最多次数好球的秘诀，说起来很简单：只打进入"甜蜜区"的球。

整个击打区域被泰德划分为 77 个小格子，每个格子只有一个棒球大小，当球进入最理想的格子，也就是"甜蜜区"时，泰德才挥棒击打，这样能保持非常高的击打成功率。因为勉强打其他区域的球，击打成功率会下降很多，所以泰德绝不挥棒击打非"甜蜜区"的球。

在股神巴菲特的办公室里，挂着一张泰德准备挥杆击球的海报，海报一角有一个由棒球排列成的长方形，每个棒球上都有一个数字，这个数字就是击打该球的成功率。

如果我们也给日常生活中的小问题画一个"决策甜蜜区"，再定好"挥杆姿势"，不就可以又快又好地做出决定了吗？

当妈之后，我经常要在网上买粮油副食，随便一搜就有好多品牌、好多种类，价格也相差很多，挑得眼花缭乱。买东西的节奏还非常容易受电商平台影响——搞活动的时候，买一堆；没活动的时候，到处比价格。

实际上，谁也不会因为一次打折就囤好一家人全年的口粮。不如保持平常心，什么时候需要什么时候买，即使价格有起伏，折算到全年也不会有很大的变化。

那么我的"决策甜蜜区"就可以这样来确定：油就买 A 品牌的 X 产品，米就买 B 品牌的 Y 产品，不管涨价还是优惠，都这么买。什么时候有需要就打开电商 App，3 分钟买完。没有比价，也就不会担心吃亏，整个人都轻松多了。

很多生活中的小问题，就算特别细致地思考决策，结果也不会有本质的差别。妈妈们可以抓住自己最关心的一点，定好"决策甜蜜区"和"挥杆姿势"，就像有了一个"快捷键"，下次再遇到同样的事，不用多想，轻抬手指敲下"快捷键"，轻松搞定。

怎么设置"决策甜蜜区"呢？

先确定自己最关心的一点是什么，再找到自己最认可的评价标准，最后确定处理的方法就可以了。

买粮油，我最关心的是质量，大品牌质量更有保障，那么"决策甜蜜区"就是大品牌。买过一两次之后发现东西确实也不错，"挥杆姿势"就是"只买 A 品牌的 X 产品"。

买书，我最关心的是内容好不好，那么"决策甜蜜区"既可以是"豆瓣评分 8.5 分以上"，也可以是"当当畅销榜"，或者是"大咖推荐"，"挥杆姿势"是"每个月按主题集中采购 200 元以内的图书"。

网购衣服，我最关心的是价格，"决策甜蜜区"就是"200元"，"挥杆姿势"是"200元以下的衣服看上就买，200元以上的衣服让老公买"。

在线学习，我最关心的是老师，"决策甜蜜区"可以设置为"名师"，"挥杆姿势"就是"名师的课直接买"。如果你最关心口碑，"决策甜蜜区"可以设置为"好评度"，"挥杆姿势"就是"评价最高的课直接买"。

现在问题来了，你带孩子去逛超市，又不想给他买饮料、零食，"决策甜蜜区"和"挥杆姿势"各自要怎么设置呢？

我跟石头商量之后，设置的"决策甜蜜区"是"只能买一种零食"，让石头自己在想吃的零食之间做选择，我的"挥杆姿势"就是"给一种零食结账"。

那么，这个"甜蜜区"是定好之后就万事大吉了吗？

当然不会。即使是泰德，也需要尝试很多次才能找到最佳区域。只要你试过一次，就知道哪里要调整、要改进，"甜蜜区"自然会越来越"甜蜜"。

犹豫和迟疑，往往源于没有清晰的目标。不知道自己到底想要什么，当然就会很容易被噪声影响，从而失去判断能力。

"决策甜蜜区"的作用，就是帮助你瞄准最重要的那个目标，屏蔽信息噪声，快刀斩乱麻地解决问题。烦恼少了，心情自然更愉悦。

妈妈善决断，孩子更独立

如果问 100 个妈妈，最希望孩子具有的品质是什么，有
99 个妈妈会提到一个词：独立。

可是，到底什么是独立呢？

对于成年人来说，有一定的经济能力，可以养活自己，
是一种独立。对于孩子来说，有一定的自理能力，可以做力所
能及的事情，也是一种独立。但我想，妈妈期望的独立，应该
不仅包括行为独立、经济独立，还有着更丰富的内涵——人格
独立。

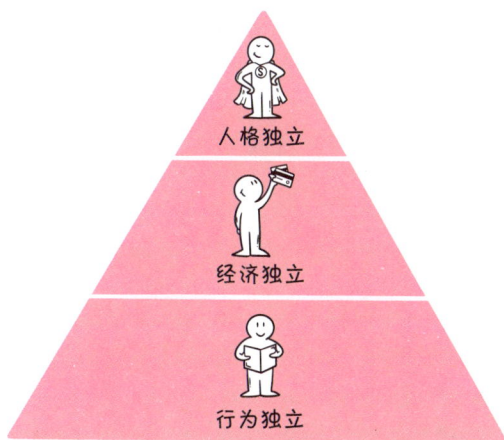

电视剧《都挺好》里，姚晨扮演的苏明玉，从小就聪明、学习好，却被重男轻女的母亲处处压制，吃穿用度都远不及哥哥们。这个成长背景，几乎就是电视剧《欢乐颂》里樊胜美成长背景的翻版。两个女孩儿都让人心疼，但人生轨迹却截然不同。

苏明玉在控诉父母不公后，果断与原生家庭切割，从大学开始自食其力，在职场上打拼出了自己的一片天地。樊胜美则一直期望着能找到一个金龟婿，脱离原生家庭，却因为这种势利而错失了一段良缘。

樊胜美的悲剧，一方面是因为不知道自己真正想要的是什么，也就是对自己的认知不足；另一方面是因为不敢表达内心真正的想法，也就是没有对自己负责的勇气。因此，樊胜美在感情和人生的选择上总是摇摆不定，战战兢兢，和苏明玉相比少了几分决断。

苏明玉并不完美，但她有几分我心目中独立女性的样子：坦然地面对世界，清晰地认识自我，果断地做出决定，并承担一切后果。也就是说，独立体现为有自己的追求，有独立的判断，也有支撑判断和追求的能力。

对孩子而言，最先接触到的独立类型是行为独立，即自己的事情自己做；其后才会有能力上的独立和判断上的独立，即知道什么样的事情能做、什么样的事情不能做；最后才会有个人追求上的独立，即知道应该做什么。

妈妈想要教会孩子独立，其实并没有想象中那么复杂，基础的就一点——放手。

放手不是完全不管，而是在划定一个安全区域之后，让孩子自己去尝试，去辨识，去理解，去承担后果。

那妈妈需要做什么呢？

做好支持工作。

这就要求妈妈善于决断，知道在养育孩子的过程中要有所为，也要有所不为。

比如说，希望孩子生活独立，能够自己穿衣服、收拾玩具、整理书包……这些势必需要充分的时间练习。但是很多妈妈一看到孩子慢吞吞的动作就会抓狂，忍不住插手，孩子反到站在一边看着妈妈收拾。前一秒还想的是孩子独立，后一秒又要孩子行动快，最后就变成打着独立的旗帜，继续走"圈养"的道路。

再比如，已经成为父母们交流必聊话题的"陪写作业"。父母们前一秒还心想学习是孩子自己的事情，后一秒就成了"怎么还没写完啊！说三遍都不懂啊！"时不时干预孩子写作业的过程，看到有一个细节不对都要大呼小叫一番，最后变成了父母一边大声呵斥一边做题，孩子畏畏缩缩地填上父母做出来的答案。

教育界有句名言：没有教不会的学生，只有不会教的老师。

父母真正该关注的，不是孩子作业的正确率和写作业的速度，而是要教会孩子学习方法，再给孩子充分的时间练习。

石头两岁多上幼儿园，他虽然是班里最小的孩子，却也是吃饭最不让人操心的孩子，而且很快就学会了自己上厕所，自理能力提升得很快。

老师有一次问我，在家里是怎么教石头的，我想了想，感觉好像也没教过，让他瞎折腾一段时间，自己就会了。

在石头一岁左右的时候，我就放手让他自己吃饭。因为我的父母长年累月给我灌输这样一个观点：没有不会自己吃饭的孩子，只有放不了手的父母。我从小吃饭就不让人操心，同样的方法自然用到了石头身上。

石头刚开始学吃饭的时候，那叫一个混乱。身上、桌上、地上全是食物，吃饭的时间比做一顿饭的时间还长，收拾的时间比吃饭的时间更长。有时候阿姨实在受不了，就开始喂。我倒是不着急，因为内心确信这是达成目标的有效方式，确信这是孩子成长的必经过程，再混乱很快也会过去。

小孩子的学习能力远远超过我们的想象。从最早只会用手指瞎搅和，到能够比较自如地用小勺把食物放进嘴里，石头前后也就用了几个月时间，我还开玩笑说他终于会使用工具，成为合格的人类一员了。

实践，一直是学习的最佳方式，对于小孩子来说更是如此。

有一种山鹰，它们教小鹰学习飞翔的方式很特别，甚至有些残忍——在悬崖边，一个接一个地把小鹰推下去，飞起来则能存活，飞不起来就摔死。

这是一种很极端的放手，但不得不说，在动物界，实战就是最高效的筛选和磨炼。

我们的孩子自然不需要这么残酷的磨炼，但有一点值得妈妈们学习：只有给孩子空间，他们才能学会飞翔。

可能有妈妈会说：好，我知道要给孩子空间，但哪些事情给空间？给多大空间呢？这个边界怎么确定？

我们可以用GSR法则，在妈妈的支持下，让孩子自己决定。

定目标（Goal）：妈妈确定一个培养孩子独立性的短期目标。

目标的作用是给妈妈划定边界，时刻提醒自己现在该做什么，不该做什么。目标的实现时间以3~6个月为宜，时间太短孩子无法养成习惯，太长容易失去动力。比如，希望孩子在6个月内能够学会自己穿衣、吃饭、收玩具、整理书包和床铺等日常生活技能。

定标准（Standard）：妈妈和孩子一起确定具体事务和完成的标准。

这些任务不能太难，应该是在孩子的能力范围之内，或者是由妈妈稍微提供一些帮助就能够完成的。比如，每天早上能够自己穿好衣服，每天晚上睡觉前把玩具收到收纳箱里。另外，一段时间内最多安排 3 个新的任务，要注意循序渐进。

定责任（Responsibility）：妈妈和孩子一起明确要承担的责任。

责任，也就是奖惩机制。达到目标有什么奖励，没有达到目标有什么惩罚。先让孩子说，妈妈给优化建议，最终必须得到孩子的认同。在尝试一件新事物的时候，奖励门槛可以适当设得低一些，以激励为主。当习惯养成后，可以提高奖励门槛。比如，如果连续三天自己穿衣服，就可以满足孩子的一个小心愿。

在孩子完成事情的过程，妈妈不需要过多地参与，做好三件事就行：提醒孩子计划做什么，和孩子共同确定完成质量，发奖励 / 给惩罚。

如果孩子请求协助，妈妈当然可以给一些支持，但是万万不能因为孩子撒娇就变成全部由妈妈来做，那就偏离了目标。

你肯定发现了，这就是一个由"果断三角"演变而来的"独立养成计划"。妈妈可以和孩子一块儿把"独立养成计划"绘制成一张表格，粘贴在醒目的地方，既是承诺，也方便随时查看。

这是我出差一周的时间里，奶奶带着石头完成计划的情况，奶奶还在周四的格子里特意写了一句：石头表现很好。

	星期一 Mon	星期二 Tues ★	星期三 Wed ★	星期四 Thur.	星期五 Fri.	星期六 Sat.	星期天 Sun.	奖励
A.M. 7:30 7:40 7:50	起床 洗漱 穿衣 出门	✔	✔	✔	✔	8:00 起床 8:20 吃早餐 9:00 练字15' 9:20 阅读记 8:	自由安排	1. 每天按计划完成分得★1个. 2. 一天不吃糖或零食得印章1个 3. 两个印章换一个★ 4. 每周4个★可满足一个小小愿.
P.M. 5:00 6:00 6:10 6:30 6:50 7:30	放学玩 回家洗手,喝水 动画片20' 吃饭 英语课 7:40 下课	5:05 乐高课 6:40 下课 玩 回家 吃饭	同同一 练习拼音 练习数字 15' 玩	同同一	放学 回家洗手 15' 练数字 15' 6:00 去门玩 7:00 回家 吃饭	9:50 练毛笔字 15' 10:15. 玩 11:30 午饭 12:00 午休 14:00 乐乐高 15:00 自由安排 17:30 晚饭 18:00 出门玩 19:00 回家		
8:00 8:15 8:40	洗澡 听故事 熄灯	✔	✔	后头表现很✔	✔	✔		

善决断的妈妈知道育儿应该有所为、有所不为，知道在孩子的成长过程中自己并不是裁判，也不是老师，而是和孩子互相信任的合作伙伴。

基于对孩子的信任，妈妈要敢于放手，让孩子去尝试，去犯错，去学习，去成长。妈妈的信任会让孩子敢于自己做决定，自己承担后果，即使错了，也有信心做得更好。

如此，妈妈会逐渐告别事必躬亲的"苦哈哈"式育儿，孩子才会有独立的能力，才能有独立的判断，才敢有独立的追求，才可以真正具有独立的人格。

养育的选择：如何给孩子快速选择优质在线课程

近两年在线教育越来越受欢迎，网上涌现出大量面向孩子的在线课程，有培养数学思维的、有语言学习的、有少儿编程的、有知识科普的、有艺术入门的……每门课程的介绍都写得特别好。这给妈妈提出了新的挑战：选幼儿园或者选早教机构还可以亲自去走走、看看、聊聊，在线课程怎么选呢？

对孩子来说，值得学习的在线课程有一个基础门槛：可靠且高质量的知识。这个基础门槛可以拆分成更具体的三部分：主题清晰、讲师可信、内容准确。要想快速判断一门在线课程的质量，只要分别从这三个方面来考量就足够了。

如果有这么一门面向 7 ~ 12 岁孩子的数学课：一位哲学作家用哲学方法讲数学思维，而且声称不用做题也能学好数学。那么，它到底值不值得选择呢？

首先，看主题的可信度。

这门课宣称：不用看图，不用做题，靠讲就能把数学的本质讲清楚，还能训练数学思维，这个说法有点不尊重常识。

我们认识这个世界，一般需要先具备具体的微观体感，才能从中抽象出宏观思维。

如果你告诉一个小孩子，地球有重力，我们之所以能站在地面上，是因为人的重力和地面支持力的平衡，他根本无法理解。但是只要你带他体验一次失重，他就知道了：哦，没有了重力我就会飘起来，这样好酷……

随着孩子对"重力"产生微观体感，进而他可以用"重力"来解释一些生活现象，再慢慢懂得这些现象背后都有一些共同的规律。这个时候，孩子才算是学到了一点物理知识，入了物理思维的小门。

开发智力的基础逻辑，是从意识层到操作层、应用层，最后再到知识层，这是开发智力的客观规律，并不以人的意志为转移。数字逻辑和推导是学习数学的基础，不做题，怎么能建立起对数字和逻辑的微观体感呢？

伽利略说：数学是上帝描写自然的语言。

上帝描写自然的语言可不是这么轻易能学会的，涉及基本科学素养的东西，还是得严肃一点。

其次，看主讲人背景。

主讲人背景可以通过搜索引擎查询。我在豆瓣主页上找到了这位作家出版的哲学书籍，作者的个人介绍里写的是：一个对哲学有兴趣的普通人。可见，他并没有从事哲学相关研究，更没有教学经验，只是在多年阅读哲学书籍之后，出了一本讲哲学家生活故事的书。

我们知道，数学作为基础科学，极其讲究精确和严谨，所以数学课一般都得由经过专业学科训练的老师教，不像语言、写作这些课程，由非科班出身的老师教也没有大碍。由一名不仅没有经过系统的数学训练，甚至连哲学专业训练也没有的普通人来讲数学课，不仅仅是反常识，还有点挑战想象力。

可能有人会说这是跨界，但就算是跨界也得尊重客观规律。

一个是 7 ~ 12 岁孩子的认知规律，一个是数学这门基础学科的讲授规律。任何人都可以合理质疑，一名没有任何教学经验的哲学书籍作家在数学教学上的专业性。更何况，教育是基于经验的智慧传承，名师都是用时间浇灌出来的。哲学理解将再好，在数学的地盘上，我依然可以不信你。

最后，看内容专业度。

数学是极其讲究概念的精确性的，但我早就把概念都忘光了，也看不出别人说得对不对，怎么办？

有两个方法可以帮助我们做判断：一是随机找几个知识点，在百度百科里搜索相关表述。严谨的妈妈可以在百度学术里搜索论文、文献，这样更可靠；二是请教专业的朋友，如数学老师、理科专业的同学，帮忙查验。

我找了几个做数学老师的朋友，他们的结论是：形式大于内容。这下我就有了决断：这门课没必要买。

不要觉得这样太麻烦。既然你在网购时都会精挑细选好半天，那么给孩子选择知识产品的时候，再怎么小心谨慎也不为过。

从认知规律上来看，孩子并不是靠知识点记忆来学习的，而是先对输入的信息全盘接收，然后直接输出，也就是模仿。当积累了一定的输入和输出反馈之后，才会建立起处理信息的规则。你看，小孩子说话根本不需要学组词和语法，重复模仿父母说话自然就会了，连同口音和表达方式也一并学了过去。

在信息面前，孩子就像海绵一样，吸收、吸收、吸收，至于吸收的是"毒药"还是"养分"，他们无从分辨。

因此，在孩子的开智阶段，应该让他们尽可能接触到美好的、纯净的知识，这样才可以在信息爆炸的时代，让他们拥有辨别好坏的能力。

就像只有当你尝到了爱情的甜美，才知道以前遇到的男人有多渣；只有当你掉进低谷，才知道什么叫真朋友；只有当了妈，才知道什么叫无条件的爱。

所以，我一直认为在儿童教育打基础的阶段，不要搞碎片化学习，应该以专业、体系化学习为主。如果想让孩子开开眼界，如培养孩子对文化、艺术的感受倒是可以选择在碎片化时间里多听多看。

教育的本质不是把篮子装满，而是把灯点亮。为孩子选择在线课程，不能忽略教育的本质，专业才是最核心的考量。专业体现在三个方面。

1. 尊重科学，尊重教育、教学的基本规律。

2. 为孩子设计，让孩子喜欢，对孩子负责。

3. 踏实教学，不刻意营造焦虑感和优越感。

从主题可信度、主讲人背景、内容专业度三个方面来判断课程质量，是妈妈为孩子选择在线课程的有效决策方法。如果你还有更好的方法，可以来我的微博或者微信订阅号"Mrs 张小桃"留言互动哦。

第 3 章

自信，奔向幸福的能量之源

勇气，就是优雅地面对压力。

——海明威

没有"完美的妈妈"，只有"我喜欢的妈妈"

石头出生那天，我捏着他的小手，看着他皱巴巴的小脸，决心要做一个 100 分的妈妈，给他最完美的母爱。

于是，我变成了育儿书书虫，买了十多本育儿经典，更下载了许多电子版育儿书。

威廉·西尔斯、孙瑞雪、李跃儿、小巫、苏珊·福沃德……从育儿方法到儿童心理，凡是口碑不错的书我几乎都看过一遍。

除此之外，我还关注了微博上几乎所有的育儿专家、儿科医生：张思莱、崔玉涛、冀连梅、虾米妈咪、顾中一、母乳喂养大本营……

每天心里想的都是孩子该不该补钙，奶睡行不行，孩子病了要不要吃退烧药，物理退烧好还是药物退烧好……

我把所有看到的观点融合成了一个完美妈妈的标杆，并朝着这个目标努力前进，不允许自己有做不到的地方。

如果有，那都是我的问题。

但是小孩子简直就是恶魔与天使的结合体，上一秒还特别乖，跟妈妈玩"亲亲我爱你"，下一秒就哭得天崩地裂，不到海枯石烂不停歇。

有几次我哄他哄到筋疲力尽，情绪几乎崩溃，却必须非常努力地控制自己，不施展"狮子吼"，不揍他的小屁股。

这感受，一言难尽。

连我妈都说，想象不到以前时不时就爆炸的我，居然会变得这么有耐心。

那段时间，我的生活就是两点一线，奔波于公司与家之间。我的状态只有两个：累，非常累。

然而内心还很骄傲，因为我自认为给了石头100分的爱。

当我努力成为一个完美的妈妈，要求自己优秀、符合标准、不能犯错的时候，却并没有意识到，这种自我逼迫式的完美，本质上是对自己的不认可和不接纳：仿佛只有做到完美，才可以得到孩子的爱。

在追求完美的路上，我把自己弄丢了。

直到有一次，我看到韩国健身女王郑多燕在一次采访中说："人生本来就不完美，所以我们不可能做到任何细节都是完美的。我也知道我不是完美的人，所以我不去做那些我根本做不到的事情……"

我一下就被这段话触动了，问自己：做一个患得患失、战战兢兢的完美妈妈，真的是我要的吗？

同样的问题，我也问了小雅，她没有给我明确的答案，而是在沉默半晌之后说了一句：完美妈妈的标准，谁说了算呢？

我想了想，觉得孩子才是最有资格评价我是不是完美妈妈的人。于是，我和石头就有了下面的对话。

我："宝贝，你觉得妈妈有没有哪些地方做得不够好？"

石头："没有啊，妈妈的什么都很好。"

我心中一喜，石头认为我很完美啊！

我继续问他："你有不喜欢妈妈的时候吗？"

石头："没有，妈妈什么时候我都喜欢。"

我："可是妈妈有时候会对你不耐烦，还会发脾气啊。"

石头："没关系啊，妈妈的什么我都喜欢。"

石头无心的一句话，让我红了眼眶。

我这才知道，原来在孩子眼里妈妈天生就是完美的，哪怕缺点也是完美的一部分。

不会因为不喂母乳就不是完美的妈妈，不会因为发了脾气就不是完美的妈妈，不会因为不满足孩子的所有要求就不是完美的妈妈。

曾经陷在 100 分魔咒里的我，要求自己搞定所有的事，却总是觉得孤独和无助。"完美"成了一个枷锁，上面刻满了我对自己的否定和不认同。如果我连我自己都不能接纳，怎么可能做到接纳孩子，给他 100 分的爱呢？

我开始放下对自己的苛刻，正视自己的感受。

不高兴的时候我会说："妈妈现在生气了。"

疲倦的时候我会说："妈妈很累，需要休息。"

在石头破坏规则的时候我会说："我知道你不高兴，但规则就是这样。"

石头可能感觉到了这种变化，有一次哭着过来向我撒娇，我抱抱他说："宝贝，妈妈爱你。"石头也马上回应了一句："我也爱你，妈妈，我永远不会离开你。"

我不知道他是从哪里听到的这句话，然后自然而然地在这个场景里说了出来，也不太确定他是不是想要表达："虽然你最近怪怪的，但我不会生气，也不会离开你。"我只是觉得心里有暖暖的幸福感弥漫开来。

现在我会跟石头说："宝贝，妈妈有些地方也做得不够好，你看到了就多提醒我，帮助我做得越来越好，好吗？"

石头很认真地点头："那我就成为可以教你的小老师了。"

周末我会跟石头爹说："今天需要准备讲课的课件，石头交给你了。"

父子俩就开心地去过二人世界，我一个人留在家里安心工作。

当妈之后，我经历了新手期的手足无措、焦虑期的情绪崩溃、孩子叛逆期的无可奈何，为了做个 100 分的"完美妈妈"一直孤军奋战。然而，当我逐渐放下对完美的执念，接受做一个 80 分的妈妈，开始袒露自己的弱点和不足，呈现出更放松和真实的状态时，反而更能体会亲子间情感流动的幸福。

放过自己，安心做一个孩子喜欢的 80 分妈妈，我发现自己并没有失去什么，反而得到更多。

民国才女林徽因讲过一段话："我认定了生活本身原质是矛盾的，我只要生活；体验到极端的愉快，灵质的、透明的、美丽的、近于神话理想的快活……"

当妈就是一场对生命的试炼，把曾经被生活碰撞出裂痕的灵魂，重新锻造成灵质的、透明的、美丽的样子。100 分看起来完美却易碎，有空隙的 80 分则刚刚好。那空隙，是让灵质、透明和美丽钻进来的地方。

不用跟任何人比，你就是如此独一无二

回头看我那套"完美妈妈"的标准，几乎全部来自别人的看法，而恰恰忽略了两个最重要的角色：孩子和自己。

叔本华说，别人眼中的你并不能决定你的幸福程度，你的幸福取决于你自身的感知。这个道理，居然是石头教会我的——所谓的完美并不取决于你做了什么，而在于你本身就是如此独一无二。

我认识一个身材很棒的妈妈，她经常在风景漂亮的地方拍照，美景加美人，每次发朋友圈都有一群人点赞。然而，人生赢家只是她秀出来的那一面，当转过身去，属于她自己的另一面，是挥之不去的焦虑。

一开始，她热爱运动，享受运动，当然也愿意把"热爱运动"这个标签秀给别人看，因为"这样可以增加我的魅力"。但随着分享日趋频繁，她变得越来越在意"秀"这件事，运动带来的愉悦感逐渐消失。

她说，虽然每天都坚持高强度练习，好像很努力的样子，但她已经分不清楚到底是喜欢运动，还是喜欢"爱运动"这个标签了。她迷失在别人的评价中，不知不觉弄丢了自己初始

的、简单的快乐。

不论是曾经的我，还是这位爱运动的妈妈，都在怎么评价自己的方式上选择了一条更容易的路——直接用别人的标准。

比如，一个很厉害的人说我不行，那我会觉得自己就是不行。或者，都说月入 10 万元才能在北京过上像样的生活，而我差得远，那我的生活水平一定很差。

可是，当我在评价自己到底行不行的时候，忽略了两个很重要的问题。

1. 别人的标准，是不是在同一个维度跟我做比较？

如果拿西瓜的大小和葡萄的价格做对比，就很难得出一个合理的判断。

2. 比较是不是只能有一个维度？

乔丹打篮球很厉害，退役后转行打棒球却一塌糊涂，但人们并不会因此就说乔丹失败，他依然是无可替代的飞人乔丹。那个很厉害的人说我的画水平不行，但我的写作比他厉害。我收入是不高，但是家庭和谐幸福，这也不错啊。

我有一个小姐妹丽丽，她喜欢下厨做好吃的，同时又很会拍照，经常在朋友圈发漂亮的照片，每次都能收获一群人的点赞。但是她很焦虑，因为她想做自媒体，又不擅长写文章，每次看到朋友圈里那些刷屏的文章，就觉得自己弱爆了。

丽丽拿自己的短处跟别人的长处相比，从而得出"我不行"的结论，显然有失偏颇。我们并不是拒绝比较，而是拒绝无意义的比较。丽丽认为自己处处不如人，实际上真的是这样吗？我们用SWOT分析模型来看一看。

借助SWOT分析模型，我们很清晰地看到，丽丽可以朝着"美食＋摄影"的方向去形成自己独特的竞争力，不擅长写文章的劣势就变得没那么重要了。

我的学习社群"桃计划"里有一位女孩，她在职场中就是一个霸道女总裁，很优秀；但她私底下却跟我说："离开专业领域就觉得自己没什么拿得出手的，情绪也很容易被他人的评价左右。"

我问她："在工作中，你应该对自己有很强的认同感吧？"

她说："对，在工作中我非常自信。"

丽丽也好，霸道女总裁也好，心里都缺少了一杆秤——我好不好，哪里不好，为什么不好，怎么可以更好？

这杆秤其实跟别人没有太大的关系。每个人都有自己独一无二的地方，自然也有自己独一无二的评价标准。别人的评价最多只是一种参考，用来帮助我们更好地判断自己的位置而已。

他会画画，好棒！

她会摄影，好棒！

可是，就算全世界都说：他很好，她也很好……那又怎样？我不会变成他或者她，我还是我，我没有必要活成别人的样子。

就好像我想买葡萄，你跟我说苹果很好很便宜，西瓜很甜很好吃，但没有用，我就想吃葡萄。为什么在买水果这件事上，我们可以意志坚定、不被别人忽悠，但轮到自我认同的时候，就乱了阵脚呢？

丽丽明明有自己的优势和特色，可就是视而不见，非要往别人的标准上贴，降低自我认同。霸道女总裁明明在业余时间还经营着三家连锁店，是人见人爱的老板，可就是没自信，别人说一句否定的话要在心里反复咀嚼，让自己难受、生气。

这种长他人志气灭自己威风的焦虑，这种把别人的优势无限放大成对自己的否定，然后陷入彷徨的焦虑，往往是因为没有建立起一个有效的自我评价体系。

缺失这个评价体系，自我认同就处于不稳定的状态。这件事我做得很好，于是就觉得我还不错；那件事我做得不如他好，于是就觉得自己很糟。

职场上很容易建立起一个评价体系，因为工作业绩是硬指标。所以霸道女总裁在工作中非常有自信。换句话说，在工作中不会轻易因为外界的判断而影响自我认同。

但是在工作之外的生活里，好像就比较难以建立一个评价体系来告诉自己：我到底够不够好？

职场通过量化的数字指标，来考查任务完成的效率。换个角度来看，人生也是由一个一个小任务构成的，只不过任务的属性会有差异。既然同样是做任务，那么可以试试把职场上的评价体系迁移过来，形成一套自我评价体系。

通常，职场上会从两个维度来考查绩效：一个是事的层面，看是不是达成了业绩目标；另一个是价值观层面，看是不是符合企业价值观和文化。我们也可以从这两个维度来做自我评价。

1．事的层面：是不是达成了目标。

2．价值观层面：是不是符合个人的价值观和为人处世的准则。

　　在这个评价体系里，我的比较对象不是别人，而是自己。比如，在我是不是个好妈妈这件事上，我的目标是孩子认为我是一个好妈妈。只要石头认可我，别人说什么都没关系。

　　那位爱运动的妈妈，目标是通过运动来放松，顺便保持健美的身材。如果运动成了负担而不是放松的方式，这就不算达成目标，朋友圈再多的点赞也无法给她的内心带来足够的满足感。

　　每个人都有自己独一无二的人生节拍，都应当享有身心节奏契合的快乐，享有找到自己位置时内心充盈的满足感和自信。

　　如果你太在意怎么在别人画好的棋盘里战战兢兢地走好每一步，就不可能建立起自我认同，更不可能有胆量去打响新的人生节拍。

　　生命有限，不要将它浪费在别人的评价里。坚信自己的独一无二，才能绽放独一无二的自己。

越了解自己，越相信自己

我的同学王琴很有主见，认识她的人都会用一个词来形容她：自信。可是，在王琴成为妈妈之后，我发现她也开始患得患失起来。

比如母乳喂养这件事，就让她犯了好一阵难。王琴非常认同母乳喂养，想根据联合国儿童基金会的建议用母乳喂养孩子到两岁。可是孩子体质弱、经常生病，她听了别人的闲言碎语，开始怀疑是自己的奶水有问题，变得在继续哺乳和断奶之间摇摆不定。

我知道这件事后很惊讶，王琴可不像这么容易被影响的人，即使有疑虑她也会通过各种分析找出确定的答案。这应该就是"关心则乱"，本来有决断，可是一遇到孩子的事儿，再理智的妈妈也会乱了阵脚。王琴是这样，我也是这样。

早在怀孕时，我就决定要用母乳喂养孩子到两岁。然而等到石头一岁多时，家人就开始提断奶的事，说是断奶之后孩子就能睡整觉。哎，其实我也很想让石头睡整觉，频繁夜醒要吃奶我也很崩溃，更不要提白天还得躲到车上去吸奶的尴尬了。

自己辛苦，孩子睡不好，家人有想法……如果你问我有没有过动摇，有。即使我的内心再坚定，也会在被吵醒的深夜里产生强烈的自我怀疑。我找朋友聊，但是聊完之后问题还是没有得到解决。而且有些问题朋友也不一定理解，说不定聊完之后心情更不好了。

妈妈遇到的几乎每个问题，实际上都是缠在一起的两个问题：事和情。

旁观者通常先看到"事"再看到"情"：母乳是很好，但也没必要非得喂到两岁吧？而当事人则把"情"放在"事"之前：我只是想要一点支持和安慰啊！

所以，解决问题得双管齐下，而且只有先搞定"情"，才能冷静地解决"事"。

这时候，妈妈需要一个足够信任又专业的倾诉对象，他不仅能够完全接纳妈妈的负面情绪，还能够分析问题并匹配出最适用的解决办法。

如果身边能找到专业的教练或者咨询师，当然很好。可万一找不到，怎么办呢？

没关系，我们有专属"树洞"。对着"树洞"把情绪倾诉痛快了，再慢慢解决"事"的问题。

★ ★ ★

一天晚上，把石头哄睡之后，我独自坐在书桌前，开始在一张白纸上给自己"造树洞"。

第一行写下：我的树洞。

第二行写下：2014 年 10 月 16 日。

然后，依次写下了以下几个问题。

今天发生了一件对我很重要的事：

婆婆又说了断奶的事情，好像还跟我妈达成了一致，说要把孩子带去奶奶家断奶，孩子几天见不到我就不会喝奶了。我用沉默表示反对，然后岔开了话题……

我当时的感受：

很烦，还有点委屈。母乳喂养不是对孩子好吗？我愿意，孩子也愿意，喂到两岁有什么问题？论坛里那么多妈妈都在说自然离乳，孩子如果吃够了，自然就不吃了呀。为什么要这样"暴力"断奶……

现在我仔细回想这件事的起因和经过：

在跟孩子玩的时候，婆婆过来说该断奶了，不然孩子晚上总是醒。而且白天我不在家的时候孩子很乖，只要见到我就会哼哼唧唧要吃奶。

我说了这些话：

一开始没说话，之后开始聊孩子的其他事情，直到完全转移话题。

我做了这些事：

坐在沙发上听着，但眼睛一直看着孩子，在跟孩子玩。之后我找理由离开了沙发，整个过程都是消极地回避和抗拒。

是什么引起了我的情绪反应：

自己的想法没有得到认可，感觉被批评了，本能地抗拒。

长辈的观念和我"亲密养育"的理念有冲突，我认为自己才是对的，凡是跟我不一致的都是对立面。

如果再来一次，我会这么做：

先跳出情绪，好好思考一下双方的立场。

婆婆的立场：其实婆婆是好意，并没有否定我的意思，而是希望孩子能够尽快养成好的睡眠习惯，我也能解放出来；我妈之前也多次说过，担心我喂奶时间太长影响身体。

我的反思：在这件事情上，没有绝对的对和错；可能我太执着于一个时间点（喂到两岁），太执着于别人的自然离乳状态，太执着于和孩子之间的亲密感。

是不是现在断奶就一定是不好的呢？是不是短暂的分离并不会影响亲密感呢？既然我本来对频繁夜奶就有点烦，为什么还要坚持呢？如果我对亲子关系足够自信，短暂的分离断奶真的那么不可接受吗？

我的结论：我之所以坚持母乳喂养其实在意的是两件事，

一个是营养，另一个是亲子关系。从营养上来看，孩子已经能够正常饮食，对牛奶的接受度也很好，母乳并不是必需品。从亲子关系上来看，如果孩子短暂离开我的日子适应良好，其实就没有关系，亲密感不见得只能通过母乳喂养这一种方式维系。

再来一次，我会这么做：跟婆婆沟通我对母乳喂养和亲子关系的想法，放下我的某些执念，回到双方的共同目标上——怎么做对孩子更好。观察孩子和我分离之后的情绪状态，如果一切正常，断奶也没有问题。

我在这件事中学到了：

发现了我的一种固定思维模式——当有人提出不同想法的时候，就认为是对我的否定，从而激发了我抗拒的情绪反应，急于证明自己的正确。

现在这一模式被我清晰地看见了，以后再出现这种情况时可以先数 10 个数，然后对自己说："我看到你了，你不喜欢被否定，我也不喜欢。可是我们又不是神，哪可能 100% 正确？人家说的搞不好有点道理，我们要不要先认真听听看？"

***

我用了近两小时造这个"树洞"。在进行了发泄、回忆、反思、决定这四个步骤之后，我的角色从当局者转变为了旁观者，能够更清晰地看到问题所在，找到更好的解决办法。

"树洞"倾诉是宣泄情绪的一种方式，通过自我问答或者自我整理的过程，我们可以认识自己的情绪真实的样子，进而关注自己的情绪。

如果光写出来还不过瘾，那就撕碎这个"树洞"，将它扔进垃圾桶吧。那些不好的东西，已经被你抛弃了，留下来的，是更了解自己的你，和更清醒的你。

我的树洞

日期：年 月 日

- 今天发生了一件对我很重要的事：

- 我当时的感受是：

- 现在我仔细回想这件事的起因和经过：

- 我说了这些话：

- 我做了这些事：

- 是什么引起了我的情绪反应：

- 如果再来一次，我会这么做：

- 我在这件事中学到了：

"树洞"不会说话，不会回应，不会评判。所以，你可以毫无顾忌地写出你的全部感受。神奇的是，当情绪倾诉于笔尖之后，心情竟然会舒缓很多，慢慢能够平静地回顾事件本身，被忽视的问题就会逐渐浮现出来。

这些问题是隐藏在潜意识里的情绪开关，控制着你日常的行为反应。找到的情绪开关越多，你就会越了解自己，越能够给未来的自己清晰的行动指导。

可能有妈妈会说，我都很少写东西，而且也不会像你这样条理清晰地进行分析。

与"树洞"对话并不需要文采、逻辑、技巧，就是纯粹地倾诉，然后再尝试多一点点的反思就够了。之所以要"写"而不是"说"，是因为话讲完就忘记了，无法回顾，经历就永远只是经历，而不能成为有益的经验。忠实记录的文字可以随时回看，你的一点点变化、思考、决定、成长都清晰可见。经历可以累积为经验，经验最终孕育出智慧。

我让王琴试着对"树洞"倾诉，过了一段时间她开心地告诉我，她会继续采用母乳喂养。因为"树洞"告诉她，问题的症结在于找对孩子生病的原因，并不在母乳喂养本身。

对了，王琴还说，现在她每天晚上睡觉前会用 15～20 分钟来回忆当天印象最为深刻的事情，一点一点去探索情绪背后隐藏的信息。发现的情绪开关越多，感觉对自我的认知也越来越清晰：原来，我是这样的我。

把花在坐立不安和辗转反侧上的时间，换成每晚睡前的"树洞"时间，很快你也会有这样的感觉：

哎呀，原来我有这样的习惯。

咦，原来我容易对这件事生气，要告诉老公以后别惹我。

嗯，下次再遇到类似的事情，我可以这样办！

很多时候，我们之所以容易被外界的声音左右，看起来是因为不够自信，实则是因为不够了解自己——到底我在意的是什么，需要的是什么。

想坚持母乳喂养的王琴，并不是那么在乎外界评价，真正牵动她的是孩子的健康。当关注点从奶水好不好回归到孩子的日常护理，焦虑和自我怀疑会随之而去，别人怎么说都不会再动摇她母乳喂养的决心。

给自己一段独处的时间，让"树洞"帮助你找回与内心的连接。当自我认知越来越清晰时，久违的坚定便在心中萌芽，你也可以享有"管他风吹雨打，我自闲庭信步"的悠然自得。

自信的妈妈从不"要求"孩子听话

妈妈的一大挑战，就是让孩子"听话"。对于"怎么说，孩子才会听"这件事，每位妈妈都能总结出好多心得。在各种关于教养的书里，方法技巧也是林林总总。

我试图从这些心得、方法、技巧中找出核心的原则，却一直不得其法。直到有一次，我在地铁上听到了一对母子的对话。

这个小男孩站在两节车厢的连接处，突然使劲踹了几脚连接处的门。我正想提醒孩子这样做不安全时，他的妈妈说话了。

妈妈："你为什么要踹门呢？"

孩子："我想看看是我的脚硬还是门硬。"

这个回答有点让人哭笑不得，倒也是孩子的真心话。

妈妈继续问："如果脚硬会怎么样？"

孩子："那可能门会坏。"

妈妈："门坏了会出现什么结果？"

孩子："列车会停吧。"

妈妈："列车停了，我们还能去想去的地方吗？"

孩子："嗯……不能。"

妈妈："如果门硬会怎么样？"

孩子："脚会疼，还有可能受伤。"

妈妈："脚疼了，受伤了，我们还能去想去的地方吗？"

孩子："不能。"

妈妈："那么你觉得踢门对不对？"

孩子："不对。"

妈妈摸了摸男孩的头，结束了对话。

一直到下车，这个小男孩再也没有踢过门，我想以后他应该也不会踢门了。

让我印象深刻的是，这位妈妈从头到尾都语气平和，没有取笑"想看看脚硬还是门硬"这样孩子气的理由，也没有粗暴地制止、强硬地要求孩子"不许踢门"。短短几句对话，丝毫感觉不到说教和评判式的"要求"，反而充满了浓浓的信任——你说的，我都相信；同样，我也相信你会发现自己行为的不妥之处。

这种信任从何而来？为了找到答案，我回家后在石头身上做了一个试验。

当时石头还小，容易尿床，每晚睡觉前我都会提醒石头去上厕所，但他各种不乐意。往常我都是软磨硬泡各种催促，这次我就不催了，只问他："你知道睡觉前为什么要上厕所吗？"

石头："知道，怕我尿床。"

我："那要不要现在去一趟？"

石头："不要，我没有尿，不会尿床。"

我："好，那就睡吧。"

第二天天刚亮，我还睡得迷迷糊糊，小家伙突然把我叫醒说："妈妈，裤子湿了。"

我猛地一下坐起来，一边嘱咐石头自己换衣服，一边火速换床单。经过这番折腾我也没了睡意，换好床单把石头抱进被子里，我问他："裤子、床单都湿湿的，是什么感觉？"

石头："不舒服。"

我："那裤子为什么会湿呢？"

石头："因为没憋住尿。"

我："你觉得怎么做裤子才不会湿呢？"

石头："睡觉前少喝水。"

我："还有吗？"

石头："要去上厕所。"

我："还有吗？"

石头："妈妈你把我的小马桶拿到床边来吧，我有尿就尿到小马桶里。"

几个问题一问，石头自己就想出来三个解决方案。当天晚上，石头不但睡前主动去了厕所，还叮嘱我把小马桶拿到床边。

其实，当石头说自己不会尿床的时候，我并不相信。根据经验，石头睡前不上厕所会尿床的概率有90%，以至于被叫醒的时候，我内心满是"我就知道会这样"的自得感，差点脱口而出："妈妈说了吧，睡觉前还是得上厕所。"还好我及时忍住了。

看到第二天石头主动的表现，我有些懂得了地铁上那对母子之间的信任从何而来——妈妈不仅愿意相信孩子，而且对自己有信心。

为什么这么说呢？

倘若信任没有根据，那便不是信任，而是盲从。换句话说，信任不只是意愿，更是判断。

很多育儿方法里都说，要相信孩子。然而，当妈妈并不知道如何设立信任的边界、如何正确引导孩子时，根本无法说服自己真正去相信孩子，常常陷入"我知道，但就是做不到"的困扰中。

如果没有地铁上那位妈妈的示范，我恐怕也很难忍住下意识的说教与质疑。更何况，直到石头确实按照自己所说的办法来避免尿床，我才确信引导孩子自己发现问题、解决问题远比"要求听话"来得有效，那颗晃晃悠悠的心总算是归了位。

越是心里没底，就越害怕失控，越容易慌张，越急着干涉孩子的行为，所谓的"信任孩子"就成了一句空话。当妈妈非常清楚自己想要什么、可以用什么方法、会有什么结果，并且心里自有判断时，才有可能如地铁上的那位妈妈一样，从容引导、静待孩子自己找到对的答案。

对自己的判断有信心，才有能力给孩子信心。

当然，引导孩子不是单纯地问问题这么简单，三个"一点原则"要记牢。

第一个原则：多一点开放式问题，少一点封闭式问题。

封闭式问题是指只有"是"和"否"两种答案的问题。大多数封闭式问题其实只有一个答案，本质上并不是提问，而是对答案的强调，孩子根本没得选。

我经常听到家长问孩子："爸爸说得对吗？你刚才那样做对吗？下次还做不做？哥哥是不是应该让着弟弟？"

这些问题的答案其实只有一个："你说什么就是什么。"孩子有思考的过程吗？在猜测家长期望的答案时可能有一点思考，但这样不对呀！我们期望的是孩子自己思考出答案，而不是附和他人的答案。

开放式问题没有唯一的正确答案，因为答案不重要，重要的是思考过程。只要推理逻辑没有问题，答案就是合理的。

比如"哥哥是不是应该让着弟弟"改成开放式问题就成了"你觉得哥哥可以怎样照顾弟弟"，再变换一下，还可以这样问："如果你是弟弟，你希望哥哥怎么对待你？"通过孩子自己的眼睛，你会看到：谦让是照顾弟弟的答案之一，但不是唯一答案。

现在你也来试一试吧，把"你刚才那样做对吗"改成开放式问题，应该怎么问呢？

问这个问题的背景，肯定是孩子犯了错。提问的目的是让孩子通过思考，发现自己行为不妥当的地方，然后引导孩子自己提出解决方案。

如果是我，我会这样问："你知道自己刚才的行为会有什么后果吗？""如果重新来一次，你会怎么做？"

第二个原则：多一点信任，少一点评价。

父母很多时候会下意识地评价孩子的答案："你这么说不对。""爸爸觉得这样才对。"可是这样一来，孩子的自信心很容易受到打击——原来我怎么说都不对。

地铁上的那位妈妈，对孩子的任何答案都没有评价。"想看看是脚硬还是门硬"这样的理由，估计很多父母听到后都会抓狂，但这位妈妈什么都没有说，而是顺着孩子的逻辑开始引导，让孩子自己思考踢门会造成什么样的后果。

这种不评价，而是先接受孩子的逻辑，再顺势引导的方式，是对孩子充分的信任——我相信你说的，我也相信你可以自己发现不妥之处。

迫不及待地评价，往往是源于对孩子的不信任，源于父母内心深处自认为比孩子更聪明、更高级的优越感。

我认为，优越感是最不应该出现在亲子关系之间的东西，是破坏亲子之间信任感的最大杀手。既然我们平常反感倚老卖老，就不要让自己也成为其中的一员。

第三个原则：多一点空间，少一点控制。

一句简单的"别踢了"和前后十来句的对话相比，显然后者需要更多的耐心，而真正有效果的方法都离不开耐心。

父母有时候很矛盾，一边认可教育需要耐心，一边又觉得"怎么说了两遍还不听"。所以往往会选择更简单粗暴的方式干涉孩子的行为。其实只要你给予孩子空间，就会发现他们的创造力惊人，他们表现出的解决问题的能力也经常会给你惊喜。

石头的自行车在拆掉平衡轮之后，一直没有办法立稳。他向我提出要加一个支架，可我一时也没空把车子拿去店里加，就让他自己想想办法。结果他还真想出了一个绝妙的解决方案——用脚踏板来支撑。

这个办法我是想不出来的。石头并不清楚 "平衡点"这个概念，我猜他是在观察到其他自行车支架所在的位置之后，发现了脚踏板可以作为替代品。

需要提醒的是，在向孩子提问时，语调以积极、好奇为佳，让孩子认为你是发自内心地对他的想法感兴趣，而不是带着情绪在质问。因此，我们需要把负面的词语都换成正向或是中性的表达。比如在"你知道自己刚才的行为会有什么后果吗"这个问题里，就没有强调"哪里不对"，而是用了"有什么后果"这样的表述。

把判断对错的主导权交给孩子，与被指出错误的挫败感相比，孩子自己找到答案的成就感，更能激发他们主动思考和调整行为的热情，孩子对正确行为的记忆也会更加深刻。

养育的选择：学习新知识该不该用思维导图

近两年流行用思维导图做学习笔记，有些笔记画得确实赏心悦目，发朋友圈总能收到很多点赞，于是很多妈妈开始学习手绘思维导图。思维导图是一个好工具，但任何工具都有适用范围，在学习新知识这件事上，思维导图不见得就是最好的选择。

2011 年《科学》杂志发表过一个研究，要求 200 名大学生用 5 分钟阅读一篇科学短文。之后，这些学生被分为三组，第一组重读几遍，第二组画出文章的概念图，第三组用 10 分钟写一篇与这篇科学短文相关的文章。

一周之后，这些学生参加了简答式测试，以此检验他们的记忆成果，并让他们利用记忆成果进行推论。测试结果表明，写文章的学生表现最好，其次是看了几遍的学生，最后才是画概念图的学生。接下来，学生需要凭记忆画出所读短文的概念图，同样，写文章的学生做得最好，优于最开始画概念图的学生。

有趣的是，在对学习效果进行自我评估的时候，第一组和第二组学生给自己打的分比第三组学生给自己打的分要高。他们其实没学到什么，却自我感觉良好。

我一直很羡慕能把思维导图画得具有艺术美感的人，甚至有些思维导图都可以作为美术作品收藏。但是，我也有一个疑虑——学习需要的是专注，我很难想象一个在专注吸收知识的人，还可以分出一部分精力去思考思维导图的某个部分用什么颜色或采用什么版式。

一篇在《科学》杂志发表的研究报告解答了我的部分疑惑——思维导图在知识记忆上的效果，可能还比不上写一篇学习总结。从我的实践经验来看的确也是如此，思维导图对于梳理思路、建立框架来说是非常有效的工具，但在知识内化方面的效果远远比不上写一篇文章。

何况，有些漂亮的思维导图的本质并不是输出内容，而只是要点记录，这容易让制图者处于"我以为自己知道了"的状态。而真正的知道，是能够用最简单的词汇和逻辑关系，把知识有条理地讲出来，让小孩子都能理解。这就是诺贝尔物理学奖获得者理查德·费曼（Richard Feynman）创造的、能够更深入理解知识点并深刻记忆的学习方法——费曼技巧。

中国唐朝有位诗人，对这种技巧就用得极好。他经常把写好了的诗念给小孩子听，如果小孩子能听懂，这诗就算写成了；倘若小孩子听不懂，那就要再改。你可能猜到了，这位诗人就是白居易。

写作是一个把知识传播给他人的有效途径。在没有完全理解一件事物的时候，很难写出逻辑顺畅的内容，总会在什么地方卡壳。如果不信，你可以试一下写100字来解释"费曼技巧"。只有打碎新知识，将新知识与原有认知融合，完成对知识的理解、消化和关联，才能写成一篇有条理的文章。

碎片化信息是一个一个的点，结构化的梳理能将这些点融合成线，而完整的文章会把这些线汇聚成知识的一个面；多个面凝合在一起，就成为属于你的知识体系。

人们的思维有两个维度：深度和广度。思维导图有助于扩展思维的广度，配合结构化方法能够很快连点成线。但学习，特别是在做读书笔记的时候，更需要的是深度思考，让知识聚线成面。

这时候，思维导图就不再是最合适的工具了。我们不能认为画出一张图就等同于掌握了知识。更有效的做法是：用思维导图帮助自己将点滴新知与原有认知糅合，梳理要点，形成大纲，最后输出一篇完整的文章。

实际上，思维导图作为一种扩展思维广度的工具，适用于解决探索型问题，如在采用头脑风暴方法时运用思维导图，寻找解决问题的不同方案或者确定核心目标。

另外，妈妈带着孩子一起，用手绘思维导图的方法整理思路，训练孩子的系统思维能力，也是一个不错的选择。孩子更容易被视觉效果吸引，思维导图的拓展性也更适合孩子跳跃性思维的特点。

因此，思维导图确实是一个好工具，本书里的一些方法就会用到思维导图。但再好的工具也有适用的范围，如果拿着一个工具当万能钥匙，不但打不开对的门，还有可能损坏门锁，得不偿失。

最后，推荐一个我常用的思维导图软件 X-mind。该软件的优点是够简洁、模板多、支持局域网内协作、能导出多种类型文件。

工具的意义在于帮助我们减轻负担、提高效率，所以工具本身最好足够简洁。如果你有更好的工具推荐，就到我的公众号"Mrs 张小桃"留言告诉我吧。

★ ★ ★

【练习】

1. 你认为思维导图是什么？用一句话描述。

思维导图是：_____

2. 本章内容对你有什么启发？用思维导图来回顾记录一下吧。

第 4 章

目标，滋养心中希望的种子

你所寻觅的，也在寻觅你。

——鲁米

情绪，是打开心门的钥匙

在公众号里，我时常会看到这样的求助：

"小桃，我最近特别焦虑，上了好多课也不知道怎么缓解，你有什么好建议？"

我很想帮忙，但是又不知道从何帮起，因为这个求助里有很多情绪，我看不到对方真实的需求。

就像晓静，从付费咨询平台"在行"上找到我时，她的第一句话就是："我现在很焦虑。"

晓静的孩子刚满 3 岁，作为一家知名央企的老员工，她的工作很清闲，待遇也不错，但她却一直很焦虑——自己干的都是琐事，企业内部没有成长空间；想跳槽去别的公司吧，又没有竞争力；自己已经是硕士学位了，还想继续读博士，希望能借此增值；还想过创业，但身体不太好，怕扛不住压力……犹犹豫豫不知道如何是好。

她希望我能给她一些建议，然而挖掘出问题并找到解决方案的最佳人选，其实并不是我，而是她自己。

我提了一个问题："为什么你这么想离开现在的环境？"

　　她说，办公室里的同事每天上班就是看视频、浏览网页。"我真的不能忍受这样的生活，感觉就是在虚度光阴，毫无价值。"

　　我接着问："为什么价值对你这么重要？"

　　没想到这个问题把晓静难住了。

　　于是，我换了一个问法："如果现在开始行动，你觉得做什么可以让你有充实感和价值感？"

　　这个问题看起来好回答多了，晓静说："可以去找找内部转岗的机会，换一个更有挑战性的岗位。我很喜欢写作，也可以多写文章，联系一些平台投稿。"

　　"你觉得哪件事更容易开始呢？"

　　"应该是写文章吧。"

　　"你打算什么时候开始写呢？"

　　"嗯，其实现在就可以开始。"

　　几个问题下来，晓静慢慢厘清了自己的需要：并不是换环境，而是找到让生活充实、更能体现个人价值的方式，而换工作、读书、创业都不是最佳答案。

　　在帮助晓静找出核心目标后，可以借助思维导图，用"为什么"循序渐进地提问，思路一下子就清晰了。

```
                                          跳槽
                    1. 想做的事情 ⊖     读博士
                                          创业


                    2. 为什么想做这些 ⊖     离开现在的工作环境

   晓静的焦虑
                    3. 为什么想离开这个环境 ⊖
                                               现在的工作毫无价值感

                    4. 为什么价值对你这么重要 ⊖
                                                  无法回答

            5. 还有什么事情能让你有价值感 ⊖     写作
                                        内部转岗到更有挑战性的职位
```

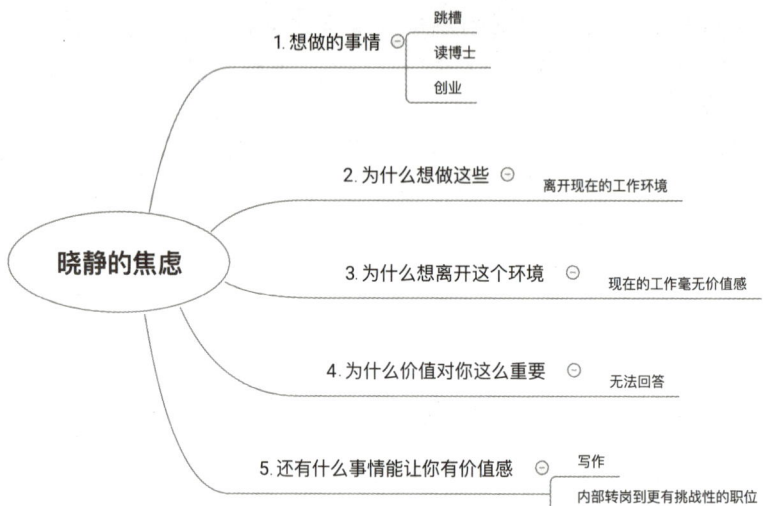

当期待与现实产生冲突的时候，我们就会被负面情绪包裹。

换句话说，每一种情绪背后都隐藏着一个内心深处的期待和渴望，特别是负面情绪，更是发现真实需求的指引。

然而，一直以来接受的教育让我们漠视情绪，甚至敌视负面情绪，使我们亲手关上了和内心连接的大门。

当我们感受到内心情绪波动的时候，可以选择任由思绪混乱，让情绪控制行为；也可以选择停下来，安静地倾听情绪的奔涌，然后对自己说：

我看到自己正处于_____的情绪中；

因为发生了_____的事情；

我发现这种情绪是来自对_____的期待；

我期待能够得到_____。

当内心浮现出的画面越来越清晰，那真实的需求将指引你找到目标。

尽管最后晓静自己提出了开始写作的计划，但她的声音中仍然透露着对自己的怀疑和退缩。

这种迟疑，让我想起了奥斯卡获奖影片《国王的演讲》。

英国女王伊丽莎白二世的父亲乔治六世国王，为了履行国王的职责，需要经常向国民发表演讲。但是他非常抗拒这个工作，因为他有相当严重的口吃（说话结巴）。

乔治六世经常说："下次的演讲还会被我搞砸，让国民听我的无声演讲吧。"他根本就不相信自己能完成一场演讲，每次迈向演讲台时都表情凝重、脚步迟缓，让作为局外人的我，即使透过银幕也能感受到他内心的挣扎、犹豫和恐惧。

幸运的是，他遇到了自己的语言矫正医生。

1939 年，第二次世界大战爆发，英伦三岛战云密布，乔治六世在圣诞节这天发表了长达 9 分钟的宣战演讲。他表现得并不完美，说得仍然有些磕磕绊绊，但他声音里的坚毅和自信犹如一根定海神针，极大地鼓舞了国民。

"在这样一个严峻的时刻……可能是国家存亡的紧要关头……我向我的子民们……无论是在国内还是国外……传

达……这个消息……我们被迫卷入冲突……我们必须保护自己、保护国家……我们必将胜利！"

　　　　　——乔治六世在1939年发表的著名演讲（节选）

他成功了，这段《与民同在》演讲也成为世界历史上著名的演讲之一。

我把乔治六世的故事讲给晓静听，然后问她："你觉得乔治六世能够成功发表演讲的原因是什么？"

她想了想，说："因为医生治好了口吃？"

我："他一生都在和口吃战斗，他并没有完全战胜对演讲的恐惧。"

晓静："那是因为什么？"

我："因为他从一次次挑战恐惧的尝试中看到了希望，他开始愿意相信自己可以演讲。"

克服困难的拦路虎往往不是来自外部世界，而是来自内心深处的恐惧与骄傲。好在能量守恒，任何一种情绪能量既不会莫名消失，也不会永远存在；恐惧和骄傲的另一面，正是勇敢和希望。

本杰明·富兰克林曾经说，世界上有三样东西极其坚硬：钢铁、钻石以及认识自己。真正渴望的东西，就算花再多时间去寻找都值得，即使你要去挖、去刨、去钻，即使这个过程会痛。要相信，每个人心里都藏着一颗种子，它在等待破土，等待舒展嫩芽。

我很喜欢一部根据真实故事写成的美国小说《隐藏人物》（Hiden Figures），讲的是在20世纪60年代，NASA（美国国家航空航天局）雇用了一批黑人女性来人工计算各种数据。后来NASA引进了IBM公司的第一代电子计算机，这是可以取代人工计算的新产品，但因为其太新了，没人会用。

一直积极努力工作的黑人计算员多萝西·沃恩（Dorothy Vaughan）非常希望得到认可和尊重。然而，勤勉工作、成绩出众的她始终没能晋升。在看到IBM公司的计算机后，她敏锐地感觉到人工计算早晚会被计算机替代。于是，在其他人都对新事物毫不在意的时候，她开始从图书馆查找资料，偷偷跟着操作手册学编程，并且把知识教授给她的组员们。

最后，这些此前不被重视的黑人女性成为NASA第一批计算机工程师，多萝西也成了NASA历史上第一位黑人部门主管，在时代变化中实现了从身份到阶层的全面跨越，达成了得到认可和受到尊重的人生目标。

当多萝西带着她的黑人组员们走进NASA机房时，恰好碰到此前看不起她的白人计算员所在部门被遣散。如果没有一直朝着目标努力，多萝西也会是被遣散的对象，也就不可能成为改变历史的人。

尽管从学习新技术的便利性上来说，白人计算员有着得天独厚的优势，但他们麻木于眼前的生活，从没有想过人生还有更多的可能性，机会在他们眼前转了好几圈，而他们毫不知情。

我们的眼睛能看到些什么，取决于我们的内心想看到什么。目标就像是一个机会探测器，帮助我们去发现身边所有能为自己所用的资源，并促使我们一步一步走向想要的生活。

别把欲望当成目标

我想赚钱，想升职，想给孩子找个好学校……

这些是目标吗？

不一定。

真正的目标和表面的欲望之间往往只隔着一层轻薄的纱。目标达成能带来巨大的成就感和满足感，而欲望永远填不满。

比如晓静，一开始觉得自己折腾就是为了多赚钱。实际上，赚钱只是欲望，是价值感提升的一个表现而已。即使她换了一个薪资翻倍的工作，只要自我价值感得不到满足，依旧会回到跳槽、读书或者创业的选择困境中。

而这三个选项，无论选择哪一个都需要极大的勇气去面对，需要很长的时间去准备。

目标一旦错误，等于无意中给自己增加了难度，定会早早亮出白旗。就好比让一个没经过专业长跑训练的普通人去跑马拉松，结果刚跑了 400 米就要放弃。

后来晓静是怎么找对目标的呢？

通过提问。

提问有一种神奇的力量，是探索内心、找到真正目标的金钥匙。

现在，假设晓静在向你倾诉苦恼，你会怎么通过提问来帮助她厘清目标呢？先列出三个你想问的问题，然后我们一起来看看怎么提问更有效。

问题一：

问题二：

问题三：

晓静在陈述自己的焦虑时说道："又想换工作，又想读博，又想创业。"如果问题变成："为什么要换工作？为什么要读博？为什么要创业？"你会发现，晓静的回答大同小异，最终都会回到吐槽现在的工作有多不好。

从换工作、读博、创业这三个选项中可以发现相同的动机——想赶快离开现在的工作环境。

所以第一个问题可以这么问："为什么你这么想离开现在

的工作环境？"

晓静是这么说的：

"办公室里的同事每天上班就是看视频、看网页，我真的不能忍受这样的生活，感觉就是在虚度光阴，毫无价值。"

我们看到前半部分是晓静在描述事实，后半部分是说自己的感受。显然，我们要关注的不是事实本身，而是为什么晓静会强调这个事实，再从感受中找原因。

那么第二个问题可以这么问："为什么价值感很重要？"也可以问："为什么你受不了虚度光阴？"

但问题可不能是："为什么你觉得毫无价值？"晓静已经说了一个词"虚度光阴"，这就是对"毫无价值"的解释。

事实上，在整个沟通过程中，我一共问了晓静五个问题。

第一个问题："为什么你这么想离开现在的环境？"

关注 发生了什么 。

第二个问题："为什么价值对你这么重要？"

关注 跟你的关系是什么。

第三个问题："如果现在开始行动，你觉得做什么可以让你有充实感和价值感？"

关注 需要做什么。

第四个问题："你觉得哪件事更容易开始呢？"

关注 <u>需要做什么</u>。

第五个问题："你打算什么时候开始写呢？"

关注 <u>需要做什么</u>。

虽然提出了五个问题，实际上只讲了三件事：发生了什么、跟她的关系是什么、需要做什么。这其实就是先看现象，然后谈感受，再找需求，最后定目标的过程。

刚开始，晓静认为她的目标是换一个更积极的工作环境，并为此想了三条出路。事实上，如果仅仅把换工作当成目标，不仅不会很快解决问题（换个好工作也需要时间），反而有可能因为对新环境不满意而再度陷入焦虑。

在追问之后，能够获得更多价值感的目标就呈现出来。换工作、读博士、创业都只是实现个人价值的方式，而最终晓静为自己找到的解决方案，和之前想到的三条出路完全不一样。

找到目标的五个问题。

1. 发生了什么？

_____

2. 我的感受是什么？

_____

3. 为什么我会有这样的感受？我的期待是什么？

_____

4. 为了满足期待，我现在可以做什么？

_____

5. 我可以从什么时候开始？

_____

* * *

【练习：糖糖的烦恼】

　　国家放开二胎政策后，不少人相继迈入了二宝妈妈的行列。我的好闺蜜糖糖最近就很困扰：父母和老公都想再要一个孩子，但她有点犹豫，说起生二胎的事儿就打哈哈，避而不谈。这种不答应又不拒绝的态度，使得家里人也有了小情绪，让糖糖烦恼不已。

　　你能够通过提问帮助糖糖搞清楚困扰她的是什么吗？

118

问题一：

问题二：

问题三：

糖糖犹豫是因为没想清楚自己要什么，不确定自己需要面对的现实问题是什么，所以不知道自己要怎么做才好。

于是我决定先试探一下糖糖对家有二宝的态度。

我："糖糖，你身边有生了两个娃的妈妈吗？"

糖糖："有，我还经常去她家串门，因为孩子喜欢去玩。"

我："你对她家两个娃的日常，感觉怎么样？"

糖糖："我自己作为独生子女，说实话会觉得孤独。我看她家两个娃一起玩一起闹，有一个伴的感觉还挺好。"

看起来，糖糖并没有很抗拒生二胎。那么如果换成你，接下来会问什么问题来帮助糖糖找出答案呢？

我是这样问的："两个娃有感觉不好的地方吗？"

糖糖："有时候会觉得有点吵。"

我："还有感觉不好的地方吗？"

糖糖："二宝妈好辛苦，她最常跟我说的一个字就是'累'。"

我："除了累，还有感觉不好的地方吗？"

糖糖："还有老公，不确定他能不能帮忙，如果不能帮忙就别在旁边指手画脚、添乱。"

我："如果老公表现不错，还有别的地方会让你感觉不好吗？"

糖糖："我觉得会没有自己的生活。其实现在已经是公司、家庭两点一线，再来一个孩子，工作肯定也会受影响，我们小区好多二宝妈都辞职了……"

问到这里，可以总结出让糖糖犹豫的四点：吵、累、老公添乱、没有自己的生活。其中，吵、累、老公添乱都是对个人空间和个人生活的影响，所提取到的共性是：生二胎会影响自己的生活节奏。

情绪背后的需求找到了，接下来就该找解决问题的办法了。于是我继续向糖糖提问："为什么保持自己的生活节奏对你这么重要？"

糖糖："我觉得这是对自己负责任。妈妈得先把自己的生活过得有滋有味，孩子才会感受到生活的美好。我特别害怕那种琐事缠身，然后对什么都提不起兴趣的状态。"

看来对糖糖而言，失去对生活的热情是不能接受的事情。

我："如果再生一个，对你现在的生活影响在什么范围之内你可以接受？"

糖糖："我希望继续工作，但我也知道养娃肯定还是妈妈的责任重一点。如果平时有人帮我分担照顾孩子的工作，周末能让我至少休息一天，就不错。"

几个问题聊下来，糖糖的心结慢慢打开了，她发现原来事情并没有那么复杂，心里的担忧其实可以向家人清楚地表达出来，再沟通解决方案就好。

内心的需求不同，目标就不同，解决问题的思路和方法也不同。世上没有什么"标准答案"，只有从一个个问题里找到的"专属答案"。

三颗石子找到内心的渴望

只有意识到未来是未知的，才能享有鲜活的人生。

人人都追求快乐的生活，但什么是快乐？

心想事成最快乐。

心想事成很难，但真正难的并不是把事情做成，而是不知道心里到底想要什么。

如果晓静如愿换了一份工作，她就真的会快乐吗？

不一定。如果新的工作不能给她带来价值感，她仍旧很快就会倦怠。

在同样的生活状态下，追求稳定工作、平静生活的妈妈，比如晓静的那些同事，就会比晓静快乐很多。

妈妈们每天按部就班的生活，就像一个安静的湖面，看上去平静无比，但水面下却暗潮涌动。你可以选择无视暗涌，也可以选择往水里扔进三颗石子，打破这脆弱的平静，直面水下的汹涌，找到属于你的快乐。

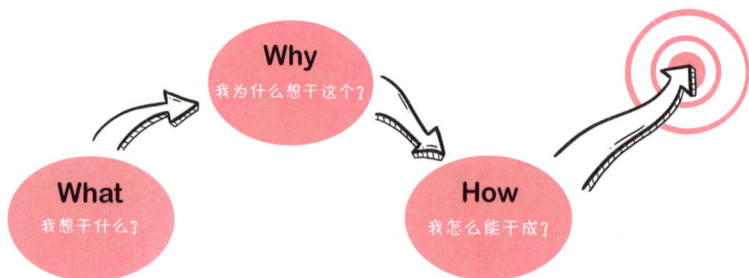

第一颗石子，问自己"我想干什么？"

最先出现的答案并不一定是真实的需求。就像晓静，换工作并不一定能给她带来快乐，还很有可能是跳进了另一个大坑。所以，还需要追问三个问题来连接你内心深处的想法。

这件事是必须干的吗？

紧急吗？

有替代项吗？

第二颗石子，问自己"我为什么想干这个？"

如果只问一遍，就只能得到最浅层的答案，离藏在水底的真相相差很远，因此还得再次追问三个问题。

做这件事的原因是什么？

想达成的目的是什么？

最终要实现的目标是什么？

这里要谈谈目的和目标的区别。目的是短期的、现实的结果，如赚到钱、生二胎、换一份好工作、能用英语流利对话等。目标是未来的规划、长期的方向，如拥有自己的公司、成为孩子的榜样、幸福的生活等。

第三颗石子，问自己"我怎么能干成？"

前两个问题搞定"心想"，第三个问题搞定"事成"。为了达成目标，还得再次追问三个问题。

需要什么能力？

需要什么资源？

需要多长时间？

你有没有勇气往湖面扔下第一颗石子呢？

我第一次扔出三颗石子，是在18岁那年。

童年时期的我一直很胆小。胆小到什么程度呢？一群小伙伴在院子里荡秋千，这时跑来一个比我们大几岁的男孩，他挨个问："你叫什么名字？"多么正常的交流，小朋友们见面，相互自我介绍。可当别的小朋友自我介绍的时候，我的小心脏就"怦怦怦"地狂跳。终于轮到我了，我一扭头，跑了……

小学的时候，我这个上课时连举手回答问题都不敢的羞涩小朋友，被老师指定为组织委员，负责每周一早上带领班级排队下楼，去操场参加升旗仪式。但是，第一周我就怂了。因为不敢插队，我一直等在楼梯口，背后是黑压压一个班的学生，结果就导致整个楼道"大堵车"。老师觉得奇怪，走到前面一看，问我："你怎么不下楼啊？"我默默地站着，一句话不说。到第二年班委换届选举，我毫无悬念地卸任了。

等到上大学，我看着这个全新的世界，问自己："这四年想要怎么样度过？"结论是，我不要再当好学生、好孩子，我要按照自己的意愿去体验、探索各种可能。我没有什么可失去的，也无所谓恐惧。我可以不那么在意别人的看法，不那么担心自己的成败，反正就去试，能成那是最好，成不了也没什么，就当多了一次经历而已。

于是，我就像完全变了一个人似的，从一个连大声说出自己名字都不敢的小姑娘，变得可以冲进团委老师的办公室说"我觉得学生会成员的选拔不公平"；可以跑到社团负责人的面前说"我会画海报，让我当宣传部部长"；可以站在学生会主席团竞选的讲台上，说"把票都投给我，我来带你们飞"。

原来，扔出石子并不需要用很大的力气抡起手臂，只要松开手指就够了。当石子接二连三落入水中，不停折腾的我收获了非常不一样的校园生活。

从此以后，每当我感觉到内心有一丝小跳跃时，就会提醒自己："那颗石子，你准备好了吗？"

2016 年 10 月，我第二次扔出了三颗石子。

李海峰老师要在北京办 DISC 一日商学院，邀请我去做线下分享，需要面对 200 个陌生的听众。

我清晰地感觉到了内心的小跳跃。然而，此前我只做过线上分享，都是躲在文字和声音背后，没有人看着，自然就不会紧张，我也不用背稿。现在要面对面去讲，忘词了怎么办？观众没反应怎么办？……对失败的恐惧占据了我全部的思绪。

海峰老师说："不用担心，有我在。"然后给我发了一个大红包。看到红包的金额，我更犹豫了。海峰老师又说了一句："这就是个心锚。"

这句话带给我巨大的触动。

很多时候，我们对眼前平静的湖面习以为常，被原来的心锚拴住，硬生生地停下了前进的脚步。但平静的湖面美则美矣，却少了几分生机。当石子打破原来的平静、赶走内心的恐惧时，看着涟漪一圈圈荡漾开去，会发现别样生动的美。

握紧手中的石子，我清晰地认识到，要成为一个合格的 DISC 讲师，线下分享是必须踏出的一步。我松开手，让石子落入水中，放弃了去国外团建的机会，开始专心准备分享稿，并反复对着镜子练习。

2016 年 10 月 15 日，在 200 人面前，我假装镇定地完成了演讲。其间，大脑时不时有几秒的空白，也不知道到底自己讲了些什么。好在设计的笑点大家都笑了，互动的时候气氛也蛮好，最后海峰老师的反馈是："像个'老司机'。"

从那以后，我对大众演讲的恐惧就没有了。当然，紧张还是会存在的，但更多地感受到把自己的观点和想法呈现出来的兴奋，以及得到听众认可的满足。

每次扔出石子，都是在给自己的人生创造新的可能。一成不变的壁画再美，也会落满灰。不断挑战未知，才能有鲜活的人生。

如果扔出这三颗石子真的很难，还有一个办法——先问问自己绝对不能忍受的是什么，找到自己的底线，再转换角度，在底线中寻找目标。

因为，在自己绝对不能忍受的事情里，往往充斥着最强烈的情绪，而觉察情绪是发现真实需求的必经之路。

比如晓静，她不能忍受虚度光阴，这是底线。换一个角度来看，恰恰是由于她对价值感有强烈的需求，才会无法忍受时光的虚度。

现在，你可以拿出一张白纸，把自己当下最不能忍受的事情一一写下来，然后按照工作、婚姻、孩子来分类，再尝试换一个角度来看情绪背后到底藏着什么样的秘密。

我最不能忍受的事情。

工作：

婚姻：

孩子：

我真实的需求。

工作：

婚姻：

孩子：

妈妈有目标，孩子更出色

孩子心智的成长会经历三个阶段：从只关注自己到看见世界，从看见世界到看见他人，从看见他人到认识自己。而对孩子影响最大的"他人"不是别人，正是妈妈。

现在有关育儿的理念和资讯满天飞，一会儿说要无条件养育，一会儿说要正面管教，一会儿说太早上课外班不好，一会儿又说竞争从幼儿园开始……妈妈们被各种各样的说法搅乱了头绪，孩子们也被妈妈们忽左忽右的想法搞得无所适从。

如果去追溯那些"别人家孩子"的成长过程，你会发现，除了孩子本身的性格和天赋差异，妈妈在养育这件事上是否有清晰的目标，也会起到关键性的作用。

我听成长会的创始人 Scalers 讲过一个故事：一位全职妈妈在 10 年没有碰过英语的情况下，每天朗读《新概念英语》，一读就是两年多。让她没有想到的是，这两年时间里，她 4 岁的孩子也养成了自学的习惯，英语水平已经达到了 6 岁儿童的水平。

坚持朗读《新概念英语》的妈妈，一开始想都没想过有一天她可以看英文电影不需要字幕，也曾经认为"大概这辈子都学不好英语了吧"。

是什么力量让她坚持下来了呢？

她听了清华大学教授的一堂创新思维课程，得知英文字符有开智作用，而妈妈的英文水平决定了学龄前儿童的英文水平上限。这之后，她下决心要搞好孩子的英语启蒙，就这样义无反顾地登上了重学英语这条船。

于是，原来睡懒觉、刷朋友圈的碎片时间，都被她用来朗读英文。她开始提高自己的时间管理水平，制订更有效率的学习计划，养成更自律的生活习惯。

两年后，她成为一位更优秀的妈妈。与此同时，她对待自己目标的积极态度，也一点一点渗入孩子的思维和心灵，最终在时间的雕琢下孕育出华美的果实。

我中学时期看过一则有关居里夫人的小故事。有人到居里夫人家做客，看见她的小女儿正在玩英国皇家学会的一枚金质奖章，大吃一惊，就问她："居里夫人，英国皇家学会的奖章是极高的荣誉，你怎么能给孩子当玩具呢？"

你猜居里夫人是怎么回答的？她笑了笑说："我是想让孩子们从小就知道，荣誉就像玩具，只能玩玩而已，绝对不能永远守着，否则就将一事无成。"

居里夫人一生获得了两次诺贝尔奖、16 个荣誉奖章，拥有 104 个荣誉头衔。她的人生目标就是在科研领域不断精进。

他人看来应当放在柜子里珍藏的荣誉，在她眼里只是孩子的玩具而已。

居里夫人对教育也有独特的见解。她认为孩子学习应该少而精，孩子应该有很多自由活动的时间，家长应该更注重培养孩子独立认识和分析问题的能力。她还做了一个看起来离经叛道的决定：不让大女儿伊伦去普通学校。取而代之的是，上由居里夫人和大学教授们联合创办的一个儿童学习班，由不同的学者讲授各自擅长的课程。

在学习之外，伊伦还要进行体力劳动，如做饭、缝补衣服、打理庭院等。这样的教育形式持续了两年，直到居里夫人实在没有精力兼顾教学，才把女儿送进私立学校，继续接受中等教育。

得益于居里夫人坚持了两年的科学启蒙，伊伦展现出了极优秀的科研素养，在38岁那年和丈夫共同获得了诺贝尔化学奖。这或许才是居里夫人最想得到的奖赏。

不论是把奖章当玩具，还是用家庭教育替代传统教育，居里夫人的行为都和"标准答案"相去甚远。她从来没有犹豫，更不会焦虑，因为她心里有一个清晰的目标，这个目标始终指引她坚定前行。

并不是所有妈妈都有居里夫人这样的能力和条件，为孩子打造一个"教授私塾"，但每个妈妈都可以问问自己：到底什么样的教育才是对孩子未来真正有益的教育？我到底希望孩子成长为什么样子？

你内心浮现出的答案越清晰，养育孩子的过程就越轻松。

就拿我自己来说，我对石头最大的期盼不是学历、工作、财富，而是他能够拥有丰富的内心世界，拥有独立的思想和人格，拥有选择自己人生状态的自由。

这个目标就像是一把标尺，帮我去衡量各种方法、信息、课程、决策，以及行动的价值。当然，最大的好处是：焦虑不再那么轻易地找上门。

不同妈妈养育孩子的目标不同，如全职妈妈坚持读《新概念英语》，居里夫人开设私塾这些目标没有高低优劣之分，只有够不够清晰和坚定的差别。

现在，请拿出一张 A4 纸，回答三个问题。

1. 我希望孩子成长为什么样子？

2. 要成长为这个样子，孩子需要具备什么样的能力？

3. 我可以做些什么来帮助孩子具备这样的能力？

每一年年初，都把这三个问题拿出来问自己一次，就相当于给自己定下一整年的养育目标。到年底再拿出来看看答案，检验这一年目标的完成情况。这样坚持 3 年，你会看到一个更优秀的自己，和一个更优秀的孩子。

养育的选择：AI 时代，孩子需要什么样的核心能力

有一个正在创业的"80 后"妈妈说，看到现在的"90后""95 后"，自己居然会有种自惭形秽的感觉——他们不论在认知上、思维上还是行动上，都比自己强太多，感觉自己分分钟就会被取代，特别焦虑。

这种想法还挺有代表性的，但你要不要听听我的看法？

首先，一代比一代强，是社会发展的基本规律。但这个"强"是顺应时代特点的强，不是任何方面都强。因此，在不同时代的大环境下成长起来的一代代人之间，没有必要去做横向对比。部分"80 后"之所以失业，不是因为"90 后""95后"，而是因为他们在"80 后"这个群体里失去了竞争力。

其次，优秀的孩子身后通常有着优秀的父母。当我们为这群年轻人的出色感叹时，有没有想过是什么样的父母教育出了这样的孩子？

最后，把时间的维度拉长，这个世界是我们的，但最终是他们的。与其为后辈替代自己而焦虑，不如努力成为优秀的父母，教育出优秀的"10 后""20 后"，站在他们身后欣赏新的时代，这才是属于我们的胜利。

那么随之而来的问题是：面向未来，孩子到底需要具备什么样的生存能力？

在查看了近三年北京市优质中小学的招生简章之后，我发现公立学校都开始强调创新和信息学科的特长。比如，参加过机器人项目已经成为申请学校的加分项之一。而越来越多的校外机构都开始引入一种被称为"STEM"的教育理念：以科学（Science）、技术（Technology）、工程（Engineering）、数学（Mathematics）四门学科为主，注重学习过程中对思维方式的培养，而不是一个个独立知识点的测试结果，同时更强调跨学科学习，以及理论与现实的联系。

这些变化都在说一件事：时代对教育和人才培养提出了新的要求。

从工业时代进入信息时代，甚至智能时代，需要的不再是擅长执行标准化任务的人。衡量优秀不再是靠"听话出活"，而是靠"自己想招"。

如果 AI 能完成大量重复性的低价值工作，那么很显然，科学精神、创新意识、独立思考、跨领域解决复杂问题的能力，才是未来一代需要具备的核心能力。

现在网上很多观点都表达出人们对现代科技渗入传统生活的焦虑。"网瘾如何毁掉一个少年""IT 大佬从来不给孩子玩 iPad"，甚至"人工智能会威胁未来一代"之类的信息比比皆是。

英国数学家、哲学家、教育家阿尔弗雷德·诺思·怀特海在一百多年前说了这么一句话："文明的发展就是加大不用想便能完成的事情的数量。"在习惯了尿不湿所带来的卫生、方便之后，很少有妈妈愿意用回布尿片，难道你要说尿不湿威胁到了洗布尿片这个工作吗？明明是把人从低价值的重复劳动中解放出来了嘛。

计算机、互联网、人工智能，与尿不湿在本质上没有差别，都是解放人力的工具。

教育行业的老兵、新精英创始人古典，在分享访问美国创新教育机构的感受时说："教育指向未来，而科技正在改变未来。"

面对未来的变化，有两种选择：要么积极拥抱变化，要么消极抵抗、墨守成规。而能在时代浪潮中乘风破浪的，总是那些能够积极拥抱变化的弄潮儿。

世界上不存在绝对的"完美"，我们看到了多少新事物的弊端，就势必刻意回避了多少长处。智能产品不可怕，网络不可怕，信息过量也不可怕。当我们跳出对未来的恐惧，就会发现这些东西无非就是更高级的工具而已，而使用工具的主动权从来就在你自己手上——如果你知道如何更好地使用工具，显然，你可以更好地享受这个时代。

认识工具、理解工具、使用工具的基础，就是让孩子在十三四岁之前，在智力发展的浪漫阶段[1]，接触更多现代科技，给孩子们自由思考的空间，培养孩子养成独立思考、自主决策的思维习惯。

那么，怎么训练孩子的主动思考能力呢？

两个字：提问。

成年人眼里习以为常的一切，对孩子来说都十分新鲜有趣，在好奇心驱使下，他们随时随地都能变身成"十万个为什么"。提问让孩子的小脑袋瓜飞速运转，不断吸收新的信息，并和已有的信息连接、组合、重构，更新对这个世界的理解，形成自己的独立意识。

但提问并不是加上"为什么"三个字这么简单。为了能让孩子正确提问，妈妈除了应遵循前文提到的"一点原则"之外，还需要控制自己的三个冲动。

第一，控制直接给答案的冲动。

孩子的问题特别多，父母很多时候会下意识地直接给答案。可是这样一来，孩子就容易形成习惯性依赖，有问题就找

---

［1］英国教育家阿尔弗雷德·诺思·怀特海在 1929 年出版的《教育的目的》一书中提出，人的智力发展从小学到大学将经历三个阶段。十三四岁之前是浪漫阶段，孩子对涌现的知识很兴奋，充满遐想，积极领悟，老师在这个阶段应该减少对学生无用的束缚，给他们更多的学习的自由。

父母要答案，而不是主动去思考。

既然提问是开启思考的钥匙，那么在孩子提问后，父母也可以用一个问题引导孩子自己先想想答案。

石头有一段时间就变身成了"十万个为什么"。看到秋天落叶会问："为什么叶子会掉下来？"看到天黑会问："为什么太阳不见了？"看到我的长筒袜会问："为什么我没有这个东西？"……我会耐心地回答他，回答不了的我就上网查，希望能给他足够科学和客观的答案。

但是石头不一定都记得住，同样的问题可能会问第二遍、第三遍。一开始我会再回答一遍，后来觉得这样不对，每次直接给答案，就算他明明能记住的，也会懒得去回想。

后来我都会多问一句："你觉得这是为什么呢？"慢慢地，石头能主动回答的问题越来越多，还会产生各种有趣的联想。

比如，看到叶子掉下来，石头会说："叶子有生命周期，它掉下来就是死掉了；小花也有生命周期；球球（注：我家的狗）也有生命周期；房子也有生命周期，妈妈你看，我们家的房子也老了，墙都黑了……"

有些时候，石头也会用"我不想说"拒绝回答。不过没关系，我会先告诉他我的理解，然后再问一句："妈妈是这样想的，你觉得还有别的答案吗？"这句话就像是咒语，一下子启动了石头的联想模式，各种奇怪的答案蹦了出来。我推测，可能是因为这句话激发了他的竞争心态吧。

第二，控制否定孩子答案的冲动。

孩子需要的不是正确答案，而是自己找到答案的能力。所以，他们说出的答案是否正确并不重要，重要的是得出答案的过程。

这对父母是一个巨大的挑战。因为我们心里往往有太多答案，而孩子们心里没有太多条条框框，有时候说得不仅不对，甚至还会很荒谬，于是父母就会忍不住冒出一句："你说得不对。"

被否定的不是一个答案，而是孩子自由飞翔的思想。

那好，我不否定，经常称赞孩子不同的想法可以吗？

可以，但称赞的方式很重要。如果仅仅是一句"真聪明"，只能证明你关注的还是答案本身，而不是得出答案的过程，这跟目标背道而驰。

更合适的做法是，在孩子说出答案的时候，既不刻意称赞、也不直接否定，而是好奇地问一句："你能告诉妈妈，是怎么想出这个答案的吗？"

然后，赞赏孩子思考的过程："你的推理能力真是太让我惊讶了！"

如果答案确实太匪夷所思，与客观规律相悖，可以在好奇提问和赞赏思考之后，再对孩子解释公认的正确答案是什么以及为什么。

如果只是父母主观上认为正确的答案，最好是能加一个提醒："妈妈是这么认为的 / 爸爸是这么认为的……"

第三，控制不耐烦的冲动。

对世界的好奇，是创造力的来源，而创造力的基础就是独立思考。

想让孩子保持好奇心，最好的方法就是在他们提问的时候，用极大的耐心给予他们正面反馈。

什么是耐心？

就是当你不知道答案时不会直接拒绝，问题太浅白幼稚时不会轻蔑嘲笑，问得停不下来时不会粗暴打断。

遇到确实不想回答的问题怎么办？直接告诉孩子："现在妈妈不想聊这个话题，你可以找其他人去问问，或者自己上网查查。"

互联网扩展了获取信息的来源，从多个渠道找答案，也是一种孩子应该拥有的能力。

提升孩子的主动思考能力，就从控制这三个冲动开始吧！

第 5 章

包容，最温柔处往往最有力量

很多时候，我们坚持的并不是"对"，而是"赢"

事业和家庭冲突？妈妈的字典里没有"没办法"三个字

"小桃，我真的没有办法了，你帮我出出主意。"

小雅在微信上发来的话没头没尾，让我有点慌，我赶快打电话过去询问。原来，她最近有一个升职的机会，但是需要在上海、北京两个城市来回跑。

作为典型的天平妈妈，虽然小雅在事业上很有企图心，却也没有办法洒脱地跟传统妈妈的角色说拜拜。

她很想抓住这个职业机会，但这样一来，对孩子的教育和陪伴势必要做出牺牲，老公反对。放弃呢，小雅又不甘心，这么好的机会可遇不可求。小雅陷入了两难的境地。

如果你是小雅，会怎么做呢？

别着急说答案，先想一下，是不是只有放弃和不放弃这两个选项。到底是真的没有办法，还是你没想到有用的办法？

很多时候我们遇到问题，都特别容易让自己陷入一种尴尬的局面：在两个对立的选项中挑一个。

比如，孩子到底是上兴趣班还是不上兴趣班，我到底是跳槽还是不跳槽，老公到底是听我的还是不听我的……

之所以只能想出两个对立的选项，是因为我们习惯了凡事要分对错。比如小雅的纠结，其实关键在于她明明内心想追求事业，又在传统观念的影响下，认为当妈的不管孩子是错的。

这个时候，不如先停下来，问自己一个问题：

到底什么是对，什么是错呢？

有的妈妈会觉得，大家都这么说，那肯定是对的呀。那么，"大家"到底是谁呢？"大家"就能定下是非对错的标准吗？"大家"跟你的人生有多大关系？"大家"会关心你过得开不开心、快不快乐吗？

答案显而易见。

每一次争论对错的背后，都藏着"标准答案"的影子。但每个家庭的情况不同，每个人的目标不同、能力不同、所处的环境不同，当然不可能用同一个标准作为选择依据。

比如，同样是从深圳去北京，着急的人坐飞机，想省钱的人坐火车，想游山玩水的人可以走走停停甚至绕道，你能说出哪个行程是对的、哪个行程是错的吗？

如果一定要给行为的对和错设置一个标准，应该去看是不是有利于达成目标。

能，就是对的；不能，就是错的。

小雅现阶段的人生目标是发展事业，如果放弃这次机会，很可能因为错失职业发展的良机，而心生埋怨。反过来，小雅如果坚持要这个工作机会，家庭矛盾肯定会激化，也势必会影响她在事业上冲刺。怎么选，都是错。

我让小雅先把传统妈妈的角色放到一边，假设这个社会普遍认可妈妈在外面工作，爸爸在家里照顾孩子的生活模式，让她重新进行选择。

小雅想了想，说："我会先跟老公沟通一下这个机会对我的意义，能给家庭带来什么好处，会有什么风险和问题；再问问老公的想法；最后两个人商量一下，看有没有能够让大家都接受的办法。"

你看，这就有了第三个选项——达成共识。

很多时候我们坚持的并不是"对"，只是"赢"。殊不知，在输赢之外，还存在第三个选项：共赢。

对于刚刚踏上追寻自我之路的妈妈来说，重要的不是眼前一件事的输赢，而是在这条路上，能有多少人愿意陪着你一起前行。

要相信，目标面前永远不会没有办法，只有还没被发现的办法。而达成共识，就是发现更多办法的眼睛。

任何问题至少有三种解决方案

任何问题，至少有三种解决方案——对你好的，对我好的，对大家都好的。

我们先来做一个角色扮演的游戏：假设我是小雅，很想抓住这次工作机会；而你是小雅的老公，是反对的一方。

设计对白。

小雅："老公，这个机会真的很难得。升职之后我就是最年轻的管理层，薪水虽然涨得不多，但是平台强了不少、机会多很多呢！"

老公："那你有没有考虑过孩子和我？你要去上海，一周最多回来一次，孩子这么小，谁照顾？工作比家庭还重要吗？女人那么拼干什么呢？"

小雅："为什么我就不能拼事业，孩子是我一个人的吗？你这个当爹的就不能照顾了？凭什么我就又得上班赚钱又得回家带娃？你当我是超人啊！"

如果这么谈下去，就变成了争对错，无论最后结果如何，总有人不好受。

我们换一种对话方式，再来聊聊这件事。

小雅："老公，这次升职之后我就是最年轻的管理层，薪水虽然涨得不多，但是平台好、机会多！"

老公："是的，这次机会是很难得，而且我觉得也很适合你给自己规划的职业方向。"

小雅居然没法反驳了，老公完全接受她的观点，还加了一个支持的理由。这是不是代表着老公已经放弃了自己的立场？

现在我们角色互换一下，看看会发生什么。

老公："孩子今年就要上小学，我工作本来就忙，你现在要去上海，那谁来管孩子？"

小雅："是的，而且孩子要养成好的学习习惯，少不了人盯着。"

这回，小雅又在帮老公说话了，那她到底是要放弃工作机会还是想抓住工作机会呢？

先不讨论立场是不是变了，你有没有发现，对话中的火药味消失了。双方都能更冷静地来看待家庭的需求，以及工作变化将带来的影响。而冷静恰恰是有效沟通、找到办法的前提。

在这个角色扮演中，消除对抗的关键，就在两个词："是的"和"而且"。这两个词看起来没什么特别，却有强大的魔力，能帮助你在面对问题时和对方轻松达成共识，找到第三种解决方案。

后来小雅和老公深聊了一次，带着"是的""而且"这两个沟通良药，两个人顺利达成了共识：孩子教育是父母共同的责任，两个人之间应该相互多支持，老公会学习如何培养孩子的学习习惯，小雅也会尽量每周多安排时间回北京，再把父母请来照顾孩子生活。

当然，老公最后还是提了一个期望：有机会回北京一定要争取。小雅自然是一口应下。

我们回忆一下第一段角色扮演中，对话变成激烈对抗的原因，是不是因为双方都表达了对他人的否定？后面的对话能够平和地讨论下去，是不是因为双方都表达了对他人的认同？

否定带来对抗，而认同则会带来接受。只有在情绪上先接受对方，才更有可能与对方达成共识。"是的"就是建立认同的关键，"而且"则带领双方走向共识。

这两个神奇的词来自一种舞台表演艺术——即兴戏剧里最基础的原则：无论搭档说了什么，做了什么，你都能不假思索地肯定和接受（是的），同时给予正面的反馈，强化、完善和发展对方的想法（而且）。

无条件地肯定和接受，听起来有点强人所难。明明不认同，难道还要表现出认同吗？你当我们都是天生的"戏精"啊？

其实即兴戏剧的特点，就是没有剧本和排练，靠人人都贡献自己的点子来讲故事。如果把即兴戏剧看成盖房子，那么演员之间的对话就是在给房子添砖加瓦。先接纳对方扔过来的话"是的"，第一块砖就到位了。再加进去一个自己的即兴想法"而且"，第二块砖到位。这样一块接一块垒砖，房子自然会顺顺当当盖好。

如果两个演员在贡献砖的时候遇到一个"不"，天就聊"死"了，砖掉到地上，故事就没法进行下去。所以即兴戏剧里不能说"不"，只能说"是的"和"而且"。

你发现了没有，即兴戏剧这条原则隐藏着一个深刻的道理：接受才有合作，合作才能让故事继续，而对抗则会毁掉一出原本可以很精彩的戏。

可能有妈妈会问："戏剧当然可以没有对错，说出一些荒诞的话也无所谓，生活中怎么可以没有对错？"

有些对错是有公认标准的，如破坏社会规则、触及法律底线肯定是错。但是，日常生活中，99%的问题都没有一个标准答案。

比如，孩子要不要听话？

长辈们通常会觉得孩子当然是听话好，不听话就是调皮捣蛋。但我觉得孩子太听话是没主见的表现，不是好事，所以连"听话"这两个字都极少说。有什么事，我会清晰地表达清楚需求，尽量让石头理解之后主动配合，实在不愿意的事情也不强迫他做。

但像我这样的教育方式，在长辈们看来就不对，觉得孩子什么都不懂，这么做是惯孩子。那么，到底谁对谁错呢？判断标准就一个：看怎么做对孩子好。

长辈们认为很多行为处世的规矩，不管孩子能不能理解都得听话照做，如吃饭的时候不能大声说话、自己的事情自己做。我认同有些规矩确实要立，一时解释不清的就先要求"听话"，再慢慢用孩子能理解的方式说服他。而在非原则性问题上，可以允许"不听话"，给孩子足够的自主空间，鼓励孩子自己做决定，同时告诉孩子要自己承担后果。

这样一来，长辈们不会担心惯坏孩子，又给孩子留出了独立思考的空间，大家都开心。

小孩子才争对错，成年人只看结果。用"是的""而且"这两个简单的词，从只有你和我、对和错的黑白世界中，找到第三种答案，世界随之多了一种色彩，叫我们的共识。

让你习惯说"是的"的小游戏

即使知道了"是的""而且"的神奇之处，要习惯对他人的不同意见说"是的"，也有点难度。在即兴戏剧里，有一个小游戏能让你放下防备，慢慢习惯接受不同，大声说出"是的"。

这个游戏需要一个可以抛接的小道具，可以是孩子玩的皮球，也可以是一个大小适中的抱枕。还需要一个配合你抛接的"另一半"，不论是跟孩子还是跟伴侣都可以共同来练习。

游戏规则非常简单，两个人互相抛接球（或者其他柔软的道具），自己抛出球的时候必须大声喊"我把球抛出去了"，对方在接到球的时候必须大声喊"我接到球了"。

接球就是在模拟接纳的过程。一开始你可能会觉得别扭，别放弃，当你能够特别自如地大声喊出"我接到球了"时就会发现，接纳其实没那么难。不就是接个球嘛。

不如今天，你就和家人一块来玩玩抛接球游戏吧。

让你看到第三种选择的小练习

"是的"是启动接纳之门的开关，"而且"的重要性则在于创造新可能。我们仍然可以借用即兴戏剧的训练方式，来练习怎么融合新想法，找到第三种选择。

这个练习同样需要两个人相互配合，如果能有一个人在旁记录，会更有帮助。

A 可以从任意一个事物开始对话，比如"一本书"。

B 要马上接话："是的，我看到了一本讲妈妈成长的书。"

接下来是他们对话。

A："是的，我在豆瓣上也看到了这本书。"

B："是的，这本书还上了京东的推荐书单。"

A：“是的，书里介绍了一个即兴戏剧的游戏，挺好玩的。”

B：“是的，我最近用这个方法跟老公聊天，居然能聊半个多小时，不吵架了。”

…………

在这个练习刚开始的时候可以将时长设定为 5 ~ 10 分钟，接话的间隙不能太长，只要设定的时间没到，故事就得继续。不管对方扔过来的话题如何，都不能让故事垮掉。这需要抛开对错的预设，积极主动地倾听对方，要对任何话题都能找到能够继续下去的点，创造出足够好的新话题，让对方能接得住。

在练习的时候，记住以下几个原则：

不加预设地接受；

积极主动地倾听；

找到积极的价值；

创造新鲜的话题。

在熟练之后，就可以尝试讨论具体的问题了。

争论教育方式的对错没有意义

在很多妈妈群里，除了吐槽当爹的不管事，就属跟孩子学习相关的话题能激起热烈讨论了。

比如对于要不要让孩子上学前班这个问题，妈妈们就分为两派。一派说如果孩子不上学前班，小学肯定会掉队；另一派说，让孩子上学前班就是拔苗助长，没好处。这两派互不认同又说服不了对方，最后不欢而散。

现在我们有了化解冲突、达成共识的魔力词，赶快把"是的""而且"加入妈妈之间的对话，看看会有什么变化吧。

假设甲是支持让孩子上学前班的妈妈，乙是反对让孩子上学前班的妈妈，她们正在讨论到底该不该让孩子上学前班。

甲："学前班可以让孩子有一个过渡期，逐渐适应小学的作息时间。"

乙："是的，学前班是一个过渡期，而且能让孩子知道上课和考试到底是怎么回事。"

甲："就是啊，你说如果不让孩子上学前班，突然就从幼儿园每天玩玩闹闹，变成一下要坐40分钟听课，孩子怎么适应得了啊。"

乙："是的，而且小学一个班里孩子多，老师也没办法照顾得到每一个人。"

…………

看起来这两位妈妈聊得很愉快呀，根本不像刚才还为孩子上学前班的事情争执不下的样子。再把她们的角色互换一下，看看会发生什么。

乙："学前班就是把一年级的内容先学一遍，这可能会让孩子在上小学之后取得好成绩，实际上并不代表着孩子具有的真实能力。"

甲："是的，提前学一遍确实是学前班的卖点。而且孩子对容易的事情会很快失去兴趣，也变得不愿意尝试有难度的学习。"

乙："我就听朋友说过，一二年级学习好，高年级没后劲儿的孩子可多了。"

甲："是的，真正拉开差距的还是学习习惯和对学习的兴趣。"

…………

这对话哪里还有半点火药味，妥妥就是同一个阵营里的战友交流心得啊。

在我们放下心中预设的"正确答案"，用"是的""而且"

进行冷静沟通之后就会发现，其实大多数冲突是由于走进了争对错的死胡同，因而忘记了证明自己的正确并不是目标，孩子到底需不需要才是目标。

事实上，每个孩子的性情不同，心智发育程度不同，教育方法和模式的适用性也不同。因此，孩子更需要学校、培训机构、家庭等教育资源的有效组合，而不是对某一个资源的简单取舍。

现在回到问题本身，在是否让孩子上学前班这个问题上，是不是还有第三个选项呢？不如你亲自动手来找找看吧。

* * *

【练习】

A 代表支持让孩子上学前班的妈妈。

B 代表反对让孩子上学前班的妈妈。

要让孩子上学前班

A：＿＿＿＿＿＿＿＿＿＿＿

B：是的，而且＿＿＿＿＿＿

A：是的，而且＿＿＿＿＿＿

B：是的，而且_____

再互换角色。

不要让孩子上学前班

B：_____

A：是的，而且_____

B：是的，而且_____

A：是的，而且_____

现在把让孩子上学前班的优势和不足都列出来

优势：_____

不足：_____

关于是否让孩子上学前班这个问题，你的第三个选项是什么呢？

第三个选项：_____

学会为自己负责，是孩子的必修课

如果我们自己在被否定、被忽视时都会生起对抗情绪，那么为什么要要求孩子乖乖地接受被否定和被忽视呢？

明明该上床睡觉了，孩子却说："妈妈，我想看一集奥特曼动画片。"你的第一反应是什么？

是一个痛快的"不行"，是一个委婉拒绝的"可以，但是……"，还是一个满足需求的"是的""而且"？

回答"不行"和"可以，但是……"都是在强调"我是对的"，而你的需要"不被允许"。否定是对抗的导火索，对于情绪控制和表达能力都还不够成熟的孩子来说，被否定很容易引起哭闹和不配合。

如果这时候妈妈再开始讲道理，孩子根本听不进去。

如果妈妈开始安抚，又只会强化孩子"哭闹可以达到目标"的心理暗示。

在不会使用"是的""而且"表达之前，我都是先直接拒绝，说："不行！"然后讲道理："你已经看了很长时间动画片了，要让眼睛休息，今天不能再看了。"

大部分时候，石头的第一反应是："我就要看！就要看！就要看！"

我听他吵闹觉得很烦，他的需求得不到满足他也很烦，两个人一块儿烦躁，问题也得不到解决。

在"是的""而且"用起来之后，情况就大不一样了。在听你的还是听我的之间，我们找到了彼此都能接受的第三个选项。

石头："妈妈，我想看动画片。"

我："你想看多久？"

石头："就看一集。"

我："那我给你设置一个提醒时间。"

石头："好的，看完了我自己关 iPad。"

其实石头每次说就看一集都只是说说而已，看到兴头上哪顾得上一集两集，经常会一集结束就开启要赖模式，非得再看一集。我认为实在不应该再看的时候，对话就变成了下面这样。

石头："妈妈，我想再看一集。"（表达需求）

我："约定的时间到了。"（不否认需求，描述事实）

石头："可是我特别想看，让我看嘛。"（强调需求）

我："那你只能再看 5 分钟。"（看到需求并设定规则）

石头："好的，我看一集《宝宝巴士》，正好 5 分钟。"（需求满足并做出选择）

我没有跟石头争论到底该不该看，因为争论不能解决问题，而是选择用时间来做出限制。他喜欢的动画片里，最短的一集就是 5 分钟，所以我直接提出看 5 分钟的规则。这样，看起来是他自己做出了决定，因此也就更愿意说到做到。

如果看完这 5 分钟还想看怎么办？

建立新的共识。

石头："妈妈，我还想看。"

我："你知道为什么妈妈会限制你看动画片的时间吗？"

石头："不知道。"

我："你的眼睛现在还是一个宝宝，老看动画片，眼睛宝宝一直在工作，就很容易累，如果太累了会怎么样？"

石头："太累了容易生病。"

我："对，眼睛宝宝生病了看东西就会变得很模糊、不清楚，看不清动画片，看不清书，看不清画，你希望出现这样的情况吗？"

石头："好吧，那我让眼睛宝宝休息一下。"

我："妈妈可以陪你玩会儿别的，你想玩乐高还是画画？"

石头："我们去搭乐高吧。"

如果我一上来就说我们玩别的，他不会同意，因为这是我的要求，不是我们的共识。怎么找对共识呢？

第一步，找对需求，确定沟通目标。

石头想看动画片，大多数时候是因为无聊。我并不反对他看动画片，只是不希望他看动画片的时间太长，影响视力。我们俩的冲突核心在于看动画片的时间长短。我希望能让石头理解，为了保护眼睛，看动画片的时间不能超过20分钟。

第二步，用孩子能懂的方式说明理由，达成共识。

如果我直接说保护眼睛，石头能听懂吗？显然不能。而工作时间长了，人会累、会难受，甚至生病，这一点石头是能够理解的。于是我就把眼睛拟人化，用眼睛还是一个宝宝，"工作"时间长容易累来解释，他的同理心一下被激发，我们俩在保护眼睛宝宝这件事上，就达成了共识。

第三步，找到能满足需求的替代方案。

但是，不看动画片了，无聊的问题没有解决。所以，最后我给出了一个替代方案——妈妈陪着玩。同时，我把这个替代方案的最终决策权交给石头，在玩什么这件事上，我们第二次达成共识。

共识一旦达成，就可以一直沿用下去。现在石头死皮赖脸要看动画片的情况已经很少见了，实在想继续看，也会以1分钟为单位来提出"申请"。因为，眼睛宝宝每次只能连续工作20分钟，到时间就要休息，不然太累就会生病，生病就看不成动画片了。

日常生活中，只要不涉及大是大非的问题，在跟孩子沟通的时候并不需要强调对错，更需要关注怎么满足双方需求，达成共识。

只有让孩子感觉到自己的需求被关注和被满足，哪怕只是部分被满足，才会愿意主动配合，进而形成管理自己的动力和对自己负责的意识。

如果什么都是父母说了算，孩子就没有机会进行自我管理、对自己负责。一旦出了问题，孩子就更容易推卸责任："不是你们说的吗？还不是你们的错？"这并不是父母希望看到的结果。

"是的""而且"不是对孩子需求的一味满足，而是双方在平等的立场上对一些规则达成共识。

"是的""而且"并不会影响父母的权威，父母反而会因为尊重孩子而获得孩子更多的尊重。

"是的""而且"可以教会孩子接纳不同与变化，只有这样，孩子才会用更开阔的心胸去拥抱这个多变的世界。

看似简单的两个词，能带来更多的接纳和理解，而这恰恰是建立和谐的亲子关系的关键。

★★★

【练习】

1. 现在你可以回顾一下，自己和孩子在沟通中的固有模式是怎么样的，在相应的模式后面画钩。

不行

可以，但是

可以，而且

2. 看完这一章，你觉得跟孩子的沟通模式需要调整吗？

需要

不需要

3. 你打算怎么调整呢？

我打算：_____

养育的选择：孩子在公共场合闹脾气，我该怎么办

有一次坐地铁，我看到一个 3 岁左右的女孩在闹脾气，妈妈在旁边一脸烦躁。

坐在婴儿车里的女孩，一边哭一边伸手去拉妈妈，却被妈妈粗暴地甩开。这下孩子的哭声更大了，妈妈情绪突然很激动，用手使劲儿地拍打婴儿车，嘴里还念念有词："你是不是找揍！"

女孩显然被吓住了，哭声停了几秒，但很快又以高分贝回归，引得整节车厢的乘客侧目。

对妈妈来说，孩子在公共场合闹脾气，算得上十大尴尬的场景之一。哄吧，一时半会儿哄不好；孩子持续的激烈情绪，又容易激发大人的不理性，从而开始用命令、吼叫、体罚等形式，试图让孩子马上安静下来。结果自然是三个字：不可能。

到底怎么做，才能够快速让孩子安静下来呢？

首先，我们要明白，孩子闹脾气并不是一件"坏事"，在没掌握更好的自我表达方式前，他们最擅长的不就是哭闹吗？不如把这看成加深对孩子的了解的机会。换一个角度看，烦心

事也可以有正向价值。

其次，孩子的情绪由激烈到平复需要时间，在孩子情绪最激烈的时刻强行制止，就像是拦腰截断一条正在涨水的河流，必然会导致河水乱流。疏导，才是更好的方式。

最后，孩子闹脾气，通常是由于需求没有得到满足。找对了孩子的需求，安抚起来事半功倍。地铁上的女孩，一边哭一边伸手去拉妈妈，这是在求回应、求安全感。可惜妈妈没有理解，一直在拒绝孩子的情感诉求，于是陷入了恶性循环。

石头小时候闹起脾气来也很让人抓狂，不仅哭闹的声音很大，持续时间还很长。为了避免自己被刺激得情绪激动，我定了"三不"原则。

✓ 不评判孩子情绪发泄的对错。先接纳孩子的情绪，再引导孩子学习更好的自我表达方式。

✓ 不控制孩子情绪起伏的节奏。在尽量不困扰他人的前提下，陪伴孩子度过情绪周期。

✓ 不漠视孩子情绪背后的需求。不合理的需求当然可以不满足，但先要了解孩子的需求。

有一天晚上，石头要奶奶陪着他去游乐园玩，等他玩得正高兴时，奶奶悄悄走了。石头发现之后，特别失望，低垂着头坐在地上，哭着说我要奶奶。我抱着他边走边哄，试图用滑滑梯转移他的注意力，就直接把他放在了滑梯上面。

没想到本来只是小声哭的石头，情绪一下崩溃了，大哭着跑开，嘴里还喊着："妈妈你走吧，你别跟着我。"

我当时有些慌了，不知道又碰到了小东西哪根神经。追上去吧，他反应激烈；不追上去吧，万一丢了怎么办？我只好远远地跟在后面，等他自己平静下来。

石头每走几步都会回头看看，发现我以后就哭喊："妈妈你别跟着我！"但是，当我真往相反的方向走，他又表现得更加激动。

就这样反反复复，期间遇见一对散步的中年夫妇，看到边哭边走的石头，还以为是谁家孩子走丢了，跟上去试图安抚他，带着他找妈妈。石头停下来，虽然还在哭，但明显情绪平静了一点。

我连忙追上去道了谢，然后蹲下来看着石头没说话。过了一会儿，他红着眼睛对我说："有人要把我抱走。"我突然很想笑，忍住了："你这样自己跑了，如果真有人把你抱走，妈妈该多担心啊。"

回到家，等石头情绪稳定之后，我问他："刚才妈妈做了什么事情让你这么生气？"他说："因为妈妈没让我爬楼梯。"我这才想起来，他玩滑滑梯的正常路径是先从楼梯爬上去，再滑下来。原来，导火索是这个呀！

过了一会儿石头又说："如果你一直跟着我，我就不生气了。"

我没明白他的意思，重复了一遍："你是说，你希望我一直跟着你，是吗？"

他点点头。

孩子的情绪反应要先于语言反应，石头的话也再次提醒我，孩子越是情绪崩溃的时候，越需要被妈妈看见、接纳和陪伴，而不是被评判、控制和漠视。

有一天，石头突然很正式地说："爸爸妈妈，我再也不发脾气了。"惊讶之余，我赶快鼓励他："每个人都会有发脾气的时候，现在宝贝长大了更有力气了，能够控制坏脾气了，很棒。"

石头真的不会发脾气了吗？

当然不可能。

只是我们之间已经形成了一种默契，他知道在妈妈这里发脾气是安全的，因此情绪周期会很快过去。我看到他的表情就能猜出他的需求，在情绪爆发前就剪断了引线，他气也气不起来了。

　　每一个孩子都是独特的存在，所以养育孩子并没有标准答案，妈妈们总能在斗智斗勇中，找到最适合自己的办法来解决问题。但有一点是相通的——看见、接纳、陪伴，这是孩子对妈妈的核心需求。

第 6 章

思考，找到专属自己的最佳答案

想得到一样东西，最可靠的办法是让自己配得上它。

——查理·芒格

换工作还是做全职妈妈？用 CAR 决策法自信做选择

Ada 最近有点烦。

孩子刚满两岁，平时都是小夫妻自己带，可是先生突然被委派到国外，要工作两年。而 Ada 刚刚换到一个核心业务部门，工作不轻松，每到月底都会很忙。以前两口子打配合，照顾孩子问题不大，现在突然少了一个人，怎么办？请保姆吧，不放心；家里老人身体又不好，没办法长期照顾孩子。

可能出现的各种现实问题，让 Ada 一下想到了电视剧《都挺好》里，独自带着孩子在美国生活的大嫂。因为加班没能按时接孩子，结果被托儿所通知退学；因为送孩子而上班迟到，被老板警告，还扣了工资。本来温婉的女人，在现实面前崩溃大哭。

Ada 知道自己必须有所取舍。现在这个时期对她来说最重要的事，是陪伴孩子成长。但她又不想完全离开职场，于是打算等孩子上幼儿园之后，再继续工作。

考虑了很久，Ada 决定换一份清闲点的工作，保证有足够的时间陪伴孩子。

听到这个消息，我忍不住问她："你换工作是为了什么呀？"

Ada 说："时间比较充裕呀。"

我又问："那全职妈妈不是时间更充裕吗？"

Ada 说："可是全职妈妈就跟社会脱节了，我两年后还想继续工作呢。"

我继续问："你换一份清闲点的工作，也不是在核心部门，确定跟得上行业的变化？"

Ada 犹豫了一会儿，说："那要不我不换了。"

我问："不换工作，孩子谁来照顾？"

Ada 一脸无奈："好了好了，你别问了，我再想想。"

选择的难，往往不是难在做决定，而是难在比较选项的过程。

如果 Ada 的目标很清晰，答案选项很全面，分析过程很靠谱，那么自然会对自己的答案有信心。就算我提再多问题，她也能把理由说得清清楚楚，而不是迟疑。

比如我问你一道数学题：1+1= ？

你会很坚定地说，等于 2。因为这个计算过程你简直是熟悉得不能再熟悉。

如果题目变成：羊奶和牛奶，对孩子来说哪个营养价值更高呢？

你就会开始犹豫。

其实 Ada 的目标还算是明确的——在有充裕的自由时间陪伴孩子之余，能够保持随时回归职场的能力。

但是她忽略了一点：为了实现目标，到底怎么做最管用。总觉得这个也行，那个也行，但不管选哪个，都有点不甘心。最后实在想不明白了，就凭一时冲动做决定。如果她对自己选择的生活心怀忐忑，一旦有什么不顺，就容易后悔，打退堂鼓。

因为，打败我们的往往不是困难，而是对自己的选择失去了信心。

就像电视剧《都挺好》里的大嫂，如果对自己的老公，对小家庭的未来有坚定的信心，遇到困难就会第一时间想办法解决，而不是做出离婚的决定。

怎么帮 Ada 找到信心呢？在目标明确的前提下，可以用 CAR 决策法快速搞定。

C：比较选项（Compare）。

A：询问建议（Ask）。

R：情景预演（Rehearsal）。

第一步，比较选项。

从优点、缺点、自己的感受这三方面来做对比。

优缺点对比很好理解，为什么还要看自己的感受呢？

很简单，一个自己都不喜欢的答案，肯定跟内心的目标不一致，也很难坚持。

所以，要优先考虑内心的感受，再选择最符合目标需求的选项。

可以选择的办法	优 点	缺 点	感 受
继续现在的工作	职业发展空间很大，自我满足感强	陪伴孩子的时间会很少，需要找到合适的人来全天照顾孩子	有点犹豫
全职妈妈	全心全意照顾孩子和家庭	牺牲事业发展，失去自己的生活	有些抵触
换一份清闲点的工作	可能兼顾得到孩子和职业发展	工作发展空间很有限，如果影响到照顾孩子有点得不偿失	不太想选
自由职业	时间机动，可以自由安排；有职场资源可以支持自由职业	收入可能不稳定，离开职场环境后生活可能会变得更封闭	感觉应该可以

第二步，询问意见。

找可靠的朋友询问自己的选择靠不靠谱。

从个人感受来看，Ada 倾向于自由职业。但是由于她没有自由职业的经历，也搞不清楚自由职业到底是什么状态，所以很容易掉进"理想很丰满，现实很骨感"的大坑里。于是，她去找了好朋友、自由职业者、职场前辈询问意见，结果大家都觉得 Ada 做自由职业是一个不错的选择，还给出了不少建议。

为了得到更全面的信息，询问的时候尽量去找三类人。

亲密的朋友：足够了解你的背景和需求，帮你查漏补缺。

领域的专家：获取专业信息和系统的建议。

信赖的前辈：能从过来人的角度为你把关。

第三步，情景预演。

模拟一下做出这个选择后自己的生活状态。

回家之后，Ada 整理好大家的意见，把自由职业者一天的日程安排写下来，发现时间管理会是一个挑战，并且她还需要有一个帮手在白天照顾孩子，以便留出完整的时间完成工作。除此之外，Ada 没有发现难以解决的问题和冲突。

完成这三步之后，Ada 的心里踏实多了，对于自由职业这个选择也更加坚定。准备了两个月之后，Ada 辞职成为了一名自由职业者，还找到了一个帮忙的阿姨，既有足够的时间陪伴孩子，又没有放弃自己的职业发展，仍然跟行业保持同步，孩子上幼儿园之后她回归职场的难度也大大降低，哪个都没耽误。

如果现在我再问 Ada，为什么选择了自由职业，她肯定能干脆地列出好几条理由，因为这是她坚信的、最好的答案。

没有不够好的答案，只有不够周全的考量

如果把所有能想到的办法都摆在桌面上比较，有时候会遇到的一个问题：比来比去都觉得差不多，因此仍然拿不定主意。

这通常是因为，我们把选项的优点和不足写得太简单，维度太少，比较得不够立体。

正如一道菜，得色、香、味俱佳才是公认的佳肴，一个小宝贝外表、性格、行为举止都可爱才真招人喜欢，一个三维的立体图形更贴近物体的真实状态。在列优缺点的时候，至少也要找到三个不同维度，这样比较起来才会更全面，更有助于做出最优的选择。

那，三个维度怎么定呢？

很简单，只要这三个维度不冲突就可以。

比如，大、中、小这三个维度，每个维度都有自己的"地盘"，"地盘"和"地盘"之间互不重叠、互不影响，这就叫不冲突。

有钱、没钱、穷这三个维度，没钱和穷有时候是一个意思。"地盘"重叠了，就会产生冲突，不行。

现在我们可以做一个小练习，看看下面的比较维度里，哪些有冲突。有冲突的画叉，没冲突的画圈。

1. 行业、企业、职位。

2. 女人、妈妈、男人。

3. 营养、美味、健康。

4. 距离、学费、老师水平。

5. 颜色、尺寸、价格。

6. 员工、领导、部门经理。

7. 薪酬、职级、职位。

8. 是什么、为什么、怎么办。

1、4、5、7、8没冲突，2里女人和妈妈冲突了，3里营养和健康冲突了，6里部门经理和领导冲突了。

Ada在确定要做自由职业者还是换工作的时候，就从优点、缺点、感受三个角度来进行比较。

现在 Ada 要选家政阿姨了，她应该怎么做呢？

老规矩，定三维：基本情况、技能、性格。这其实就是 Ada 在选阿姨时最关注的三件事。

首先，Ada 希望阿姨能长期稳定地在家里工作，所以会对阿姨的年龄、健康和家庭情况进行综合考虑；其次，Ada 虽然不太会做饭，但是对吃很讲究，所以对阿姨的厨艺有要求；最后，Ada 是一个急性子的爽快人，如果阿姨性格与自己不合，那长期相处起来肯定会有问题。

Ada 把这三点想法跟家政公司沟通清楚之后，第二天家政公司推荐了两个候选人。

家政公司推荐的两位候选人如下。

候 选 人	基 本 情 况	技 能	性 格
吴阿姨	36岁，安徽人，孩子在老家	爱下厨，南北方菜都会	直爽，沟通能力不错
刘阿姨	45岁，河北人，儿子刚结婚	当过月嫂，会一些营养搭配	有分寸，话不多

面试的时候，Ada 用这三个维度对两位阿姨进行对比，吴阿姨的优势更突出一些。

✓ 正值壮年，身体好，孩子不在身边，平时请假的可能性小，能保证按时上班。

✓ 爱下厨，经常学新菜色，Ada 很满意。

✔ 沟通起来更舒服。

很快吴阿姨就来上班了，果然和 Ada 预想的一样，吴阿姨做饭花样多又好吃，平时沟通也顺畅，照顾孩子还是一把好手，Ada 相当满意。

你发现了没有？"三维法则"在用来确定自己的需求时也非常好用。想要什么说三点，关注什么说三点，选择理由说三点，不自觉地就会把事情考虑得更有条理、更周到了。

那，如果能说出来好多点，不止三点怎么办？

简单，分个类。

要是把 Ada 对阿姨的要求全部列出来，那可不止三点。

1. 年龄在 35 ~ 45 岁。

2. 籍贯最好是安徽、河北、湖南等地。

3. 身体健康，体力好。

4. 家里没太多事情牵扯精力。

5. 会做饭。

6. 带过孩子。

7. 性格好相处。

8. 为人踏实，愿意长期干。

信息量这么大，而且显得杂乱，怎么做比较啊？

把这八条分分类，变成基本情况、技能、性格，一下就清楚了。

年龄、籍贯、家庭和健康情况，这些归入基本情况。

会不会做饭、带没带过孩子，这些归入技能。

性格、品行、意愿，这些归入性格。

看到这里，你能想到怎么分类最合适吗？

没错，跟"三维法则"一样，只要类别之间不冲突就可以。

当我们在日常生活中遇到一些简单问题时，能在 3 分钟内得出答案的（如今晚吃什么），跟着感觉走就好，不是非得找理由细细比较。但是，像请保姆、选学校、定工作等重要决策，只跟着感觉走可不够，还得踏踏实实用"三维法则"做立体化对比，再用 CAR 决策法想通想透，这样下一步走起来才会更踏实。

要知道，这个世界上没有不够好的答案，只有不够周全的考量。

就事论事，让妈妈透出气定神闲的高级感

女人天生就比较感性，所以在想问题的时候特别容易走进情绪的迷宫，尤其是坏情绪的迷宫，半天走不出来。妈妈要处理的琐事多，问题也多，钻迷宫更频繁，不开心的日子就多了。

其实很多问题本身并不复杂，但是困在情绪迷宫里久了，再简单的事情都会变成苦不堪言的大难题。

公众号上有位妈妈留言：光是孩子要不要上兴趣班这件事，她就已经烦恼了一个多月，不但没有走出情绪的迷宫，还跟家里人闹出了小矛盾。

其实事情两句话就能说明白：她并不想让孩子上各种兴趣班，就想带孩子多走走，让孩子多接触自然，多交朋友。可是老公和公公婆婆看着身边朋友的孩子，都是一到周末就满城跑，学这个学那个，就着急给孩子报兴趣班。双方一直说不拢，还上升到对孩子是否负责任的高度，烦不胜烦。

看到这里你是不是已经发现，这位妈妈一直卡在"我想""我不想"的情绪上，而没有认真倾听家人的想法，自然也没有明白，这不是一道个人情绪的是非题，而是一道就事论

事的问答题——怎么做对孩子好？

现在，我们就一起用就事论事四步法，帮助这位妈妈走出情绪迷宫，摆脱困扰吧。

第一步，定目标。

不是为了争对错，而是为了选择对孩子最有利的成长方式。

第二步，放成见。

"我想"的不一定对，适合孩子的才对。兴趣班又不是洪水猛兽，不如先放下心中坚持的所谓"正确"，用"是的""而且"来问问自己，如果兴趣班能让孩子在自己擅长的领域加强训练，在需要改进的地方弥补不足，是不是值得去试一试？

第三步，列三维。

如果值得尝试，就得先搞明白孩子的优点和不足。这位妈妈用三维法则填了一张表。

孩 子 的 优 点	孩 子 需 要 改 进 的 地 方
1. 好奇心强	1. 时间观念不强
2. 表达能力强，喜欢交朋友	2. 数学学得很费劲
3. 对音乐、节奏很敏感	3. 遇到挫折容易沮丧

先看孩子的优点：有好奇心、外向，情商应该也挺高，还对艺术有兴趣。妈妈希望孩子多接触大自然，多接触社会，其实潜意识里也是对孩子优点的发扬。

孩子需要改进的地方有两点都跟学习习惯相关，显然孩子更需要在日常生活中养成良好的学习习惯，这一点得靠妈妈多努力，什么兴趣班都教不了。

第四步，选答案。

现在，这位妈妈有结论了。考虑到孩子喜欢音乐又好动，可以学学街舞，顺带提升一下抗挫折能力和专注力。更让我惊喜的是，她说自己也要去学习怎么培养孩子的时间观念，怎么建立孩子的自信心。

前后不过半小时，我什么建议都没给，这位妈妈自己用就事论事四步法找到了最好的答案，大家都开心，世界真美丽。

"我想""我不想"这两个词总想诱惑你进入情绪迷宫，而"就事论事"则是引导你走出情绪迷宫的明灯。

一个陷入情绪迷宫的妈妈，很难保持内心的平和跟安定；一个能够就事论事的妈妈，总会透露出一丝气定神闲的高级感。

你愿意做哪一种妈妈呢？

★★★

【练习】

小雨的孩子放暑假了，她本来计划把孩子的暑假时间安排得满满当当，保持和上学一样的节奏，坚决不能放松。但是，老公认为放假就是休息，将假期日程安排太紧也不合理。两人聊得很不愉快。

如果你是小雨，你会怎么做？

提示：

第一步，定目标；

第二步，放成见；

第三步，列三维；

第四步，选答案。

就事论事的工具箱

就事论事的前提，是分清事实和观点。

不论是 Ada 选保姆，还是公众号上的妈妈考虑要不要送孩子上兴趣班，她们脑子里首先蹦出来的都是自己的想法，也就是"观点"，而最终促使自己做出选择的理由则是"事实"。

观点和事实的差别是什么呢？

我是一位妈妈，这是事实，谁来描述都一样，不可能有人非得说我是一位爸爸。而我是一个努力勤奋的妈妈，这就是观点，因为努力勤奋是一个带有褒义的主观判断。你本来不认识我，听了这句话，你可能会下意识地觉得我人很好，至于我到底是否努力，勤奋到什么程度，你并不清楚。

观点本身并没有说服力，能够支撑观点的事实和数据才有说服力，才是可以信赖的决策依据。

同样，争论观点的对错并没有意义，因为每个人都有自己的观点。我们只有通过比较来判断谁陈述的事实更可信，才能得出可靠的结论。

画重点

事实是客观存在，换谁来描述都一样。

观点是主观判断，因每个人的立场不同而有所差异。同样的东西，你可以喜欢，他可以不喜欢，我可以完全无感。

我认为孩子可以看电视，但不能时间太长，这是观点。支撑这个观点的理由是目前科学研究的结论，所以我对自己的观点很有自信。同时，也有妈妈认为，小孩子压根儿就不应该看电视，如果能够找出足够有说服力的事实依据，她们自然也会很自信地选择不让孩子看电视。

但很多时候，观点和事实（甚至是编造的事实）交错在一起，让人难以分辨。

比如，曾经在网上广为传播的"酸性体质致癌"的消息，2018年被美国法院认定是医学欺诈，完全没有科学依据，传播者被罚款1.05亿美元。但是我在网上找到一篇关于酸性体质致癌的文章，不但阅读量很大，乍一看还觉得可信度很高。

***

案例：酸性体质致癌吗？

下面是一篇网络上的文章。

癌症是一种严重威胁人类生命的疾病，它是致病因子促使细胞突变产生的，与酸性体质有密切的关系。

美国医学家诺贝尔奖获得者雷翁教授说："酸性体质是百病之源。"而基本上，所有的肉类都属于酸性食物，绝大部分蔬果都属于碱性食物。

美国著名营养学家 Ragnar Berg 博士说："如果想维持健康的身体，每摄取 20% 的酸性食物，就需要摄入 80% 的碱性食物。可见，当你每天吃进肚子内的食物都是以酸性为多时，久而久之，就会造成体质酸性过高，进而患上各种慢性疾病。"

诺贝尔奖获得者、德国生物化学家 Otto Warburg 博士认为缺氧的环境使正常细胞癌变，而体液酸化是导致缺氧的主要因素。

这篇文章里，又有科学家，又有营养学博士，又有诺贝尔奖获得者，看起来好有道理的样子，我都差点相信酸性体质真的会致癌了。

事实上，这篇文章 90% 的内容都是编造的，完全不可信。下面我用红色字体标出观点，用下划线标出事实，用删除线标出编造的事实。我们一起来看看，这些虚假信息是如何穿着事实的马甲输出观点的。

癌症是一种严重威胁人类生命的疾病（常识／事实），它是致病因子促使细胞突变产生的（假的），与酸性体质有密切的关系（观点）。

美国医学家诺贝尔奖获得者雷翁教授（假的）说："酸性体质是百病之源。"（观点）而基本上，所有的肉类都属于酸性食物，绝大部分的蔬果都属碱性食物（观点）。

美国著名营养学家 Ragnar Berg 博士（假的）说："如果想维持健康的身体，每摄取 20% 的酸性食物，就需要摄入

80％的碱性食物。可见，当你每天吃进肚子内的食物都是以酸性为多时，久而久之，就会造成体质酸性过高，进而患上各种慢性疾病（观点）。"

诺贝尔奖获得者、德国生物化学家 Otto Warburg 博士认为缺氧的环境使正常细胞癌变（事实），~~而体液酸化是导致缺氧的主要因素~~（假的）。

你是不是发现了，光看下画线标出文字，酸性体质和癌症之间并没有任何关联；再看被横线删掉的文字，一大串的"权威"背书直接就让人信了一半；最后看红色标注的文字，各种数据和专业表述一下子就把"酸性体质致癌"这个观点印在了你的认知中。

我们常说一句话："眼见为实，耳听为虚。"因为听到的大多是"观点"，看到的才是"事实"。而就事论事的前提，就是能够清晰地分辨观点和事实。

两招识破伪事实的圈套

像"酸性体质致癌"这样靠伪事实来兜售观点的圈套，为就事论事增加了难度。

中老年保健品广告就是这个圈套的重灾区，很多早教益智类的新方法、新玩具、新课程都是在"营销观点"上包了一层"伪事实"的壳，消费者一不小心就会入套。

那么，有没有什么好办法能很快分清"事实"和"伪事实"呢？

当然有，只要你学会判断信息的可信度。

"酸性体质致癌"之所以深入人心，是因为各种宣传资料里都反复提到了几个权威专家的说辞——这个博士、那个科学家的，普通人看到这些名头就会无条件信任。要想搞清楚这几个人是不是真实存在，最好的办法是去他们所在的学校、机构打听。

这是判断可信度的第一招：追根溯源，直接找一手信息。

什么叫一手信息呢？

由官方渠道，如中央媒体、政府机关、科研机构、当事者本人等发布的，没有经过任何人或者任何渠道转述的信息。

如果是在网上看新闻，那么人民日报、中央电视台、新华社、各省级媒体等发布的一手信息就是可信的。某些地方媒体、网络媒体和自媒体发布的信息有些就不太靠谱。

如果你听到一个人说某机构办的幼小衔接班特别好，老师都是离退休的优秀教师，那么你要做的第一件事不是急着报名，而是先去那些学校的官方网站，查查是不是真的有这几位老师，他们是不是真的被评为过优秀教师，网站上查不到可以直接打电话去问。如果很难查到，就肯定有问题。

如果是跟科学研究相关的信息，最好是能查到论文或者学术专著。负责任的科普自媒体会在文章中清楚地标注，哪项研究结果是出自哪一篇论文，这类信息的可信度就会高一点。

对于育儿类知识，妈妈们要么听医生的建议，要么看权威专家写的书，其他信息听听就好，不必太当真。我身边很多妈妈都在学习正面管教，如果没办法去听认证讲师的课，还不如买一本正面管教创始人简·尼尔森写的书，从理论到方法都有，照着做也不会错到哪里去。网络上七七八八的方法，看多了不成体系，反而容易焦虑。

不过，如果每件事都要这么追根溯源地确认可信度，也有点累。对于很多简单问题，我们可以用判断可信度的第二招：跟常识做朋友。

这里的常识包括被广泛认可的经验、法律法规等社会运行的基本规则，以及被科学论证过的原理。比如，煮饭放的水要没过手背最合适，去银行办理业务得带身份证，长期熬夜会导致大脑能力衰退等。

朋友圈里铺天盖地的"3 天学会 ×××""21 天成为×××高手"……这都是不符合常识的。即使没有看过《刻意练习》，没有听过"一万小时定理"，至少从小就听过一句话：一分耕耘一分收获。如果用 3 天、7 天、21 天就能成为高手，做得风生水起，那讲这些课的"老师"们该怎么办呢？

像"酸性体质致癌"这样的消息，细想就会发现跟常识有冲突：我们的胃液就是酸性，那就是说不管吃什么东西，最后都会被强酸给溶解，因为不溶解就消化不了，那要怎么变成碱性呢？

你可以不相信自己的眼睛，但你要相信常识。

现在，你分辨事实和观点的能力应该提升了不少，我们一起来做一个小测试。

准备红、蓝两种颜色的笔，在下面这篇文章中用红色画出观点，用蓝色画出事实。

想必大家也都知道，生男生女取决于男性而不是女性，因为男性本身就含有 X 染色体和 Y 染色体；只有女性的 X 染色体与男性的 Y 染色体相结合，才能够孕育出男孩。

据相关研究表明：男性精子中的 Y 染色体比较喜欢碱性环境，也就是说，如果女性体内的碱性物质较多，更容易生出男孩子。

对于一些正在备孕的女性来说，如果想让自己的体质变成碱性的体质，那么在日常生活中就要适当地多吃一些碱性食物，尤其是一些新鲜的蔬菜和豆制品，因为这些食物中的钠含量比较丰富，如果经常吃，可以在一定程度上改变女性的体质，增加碱性物质，这样就会提高生男孩的概率。

只看蓝色的部分，你的结论：＿＿＿＿＿＿＿＿＿

只看红色的部分，你的结论：＿＿＿＿＿＿＿＿＿

对比两个结论，你发现了：＿＿＿＿＿＿＿＿＿

文章的第一段先用广为人知的常识吸引注意，第二段直接植入了观点，第三段给出了建议。而最关键的部分——支持观点的事实，则被"相关研究"这四个字一笔带过。

手握常识的武器，还有一手信息护体，谁要想再用观点和伪事实忽悠你，就会很有难度。

比如说，一分钱一分货，这就是常识。因为商家卖东西总是要赚钱的，如果一件商品价格明显偏低，那么就意味着商家必定会从别的地方把你口袋掏空。

可能有妈妈会问，那物美价廉的东西就不能买了吗？

每个人对品质和价格的评价标准不一样，但从概率上讲，物美价廉不可能是常态。如果物美价廉的东西很多，那这个市场本身利润就很薄，必须依赖规模化才能活下来。

一个本身销量就不高，还说自己"物美价廉"的商品，我一般是不相信的。要么原料次、体验差，要么干脆就是假货。手机就是一个典型的例子：低端产品是有，但凡硬件配置高一点的，都不会太便宜。

护肤品也是如此，由于是化学制剂，原料配比都得经过严格的科学实验，才可以最终确定一个稳定而且经济的配方。光照、温差、湿度，甚至配送途中的摇晃都有可能影响品质，这些都会对成本有影响。

更关键的是，大品牌都很爱惜"羽毛"，不会为了销量瞎搞。因为，由于产品质量出现问题而影响品牌形象的代价太高了。

什么意思呢？来看一个案例。

2006年9月，原国家质量监督检验检疫总局验出SK-II化妆品含有禁用物质铬及钕，消息经新华社报道后，一周内，全国各地的SK-II产品纷纷下架并引发退货潮。很快，韩国超市停售SK-II产品，新加坡开始针对SK-II产品的安全性进行检测，发现确实含有重金属。宝洁（SK-II的母公司）在接受消费者退货的同时，再三申明产品生产过程中并未添加违禁成分，并且每一批产品都经过检验，不过，仍然在9月22日暂停了相关产品。

一个月后，原国家质量监督检验检疫总局表示：

由于中国国家标准以及其他许多国家都将铬和钕列为化妆品中的禁用物质，9月份的检测依据明确，结果准确。从后续检查结果来看，因为化妆品生产技术上的因素，原料中可能会带入微量的铬和钕，SK-II产品被检出的铬和钕就是原料带入所致。但是，目前国际上还没有设定化妆品中铬和钕可以接受的含量水平到底是多少，也没有一个安全限量的标准；另一方面，正常使用含微量铬和钕的化妆品对消费者健康风险较低，截至目前，国内未证实有因为化妆品含有微量铬和钕而损害消费者健康的报告。

这一大段话的意思就是：SK-II产品生产过程中确实没有涉及违禁物质，是原料中含有的；虽然现在不清楚安全剂量到底是多少，但国内尚未出现因微量铬和钕影响健康的案例，因此推测正常使用这类化妆品的风险较低。

尽管权威机构有了结论，但SK-II的品牌形象已经遭受到了前所未有的打击，一项由7 886名消费者参与的调查显示，64.88%的消费者认为SK-II产品的质量不值得信赖，仍然信任SK-II产品的消费者仅有2.34%。在原国家质量监督检验检疫总局发布违禁通告后，工商部门勒令各大商场将SK-II产品撤柜。

SK-II后来花了4年的时间进行品牌重建，付出了巨大的成本。之后，SK-II对产品成分的关注度只增不减。因为，这样的危机，没有一家企业想经历第二次。

我们经常在新闻里看到，有人因使用了一些不知名品牌的护肤品，而导致皮肤严重过敏的案例。消费者往往求助无门，因为这些小厂要么根本找不到，要么即使被罚款停业，也可以分分钟换一个地方从头再来，失信成本很低。而知名品牌多年积累的信誉和品牌形象一旦被质疑，损失的商业价值不可估量。

知名企业、成熟品牌召回有质量问题的产品，是常规操作。你很难想象一个小品牌会这么干。小品牌有可能因为对产品使用效果的监控体系不完善，发现不了问题；还有可能在发现问题之后，视而不见。

所以，对于那些不知名品牌的护肤品、快消品、食品，即使它们的文案写得再好，图片再吸引人，你也要多长一个心眼。

有些信息，并不需要多么复杂的思考，利用常识就可判断。

最后推荐两个鉴别信息的小工具。

查询网络信息真假，可以在微信里搜索小程序"较真辟谣神器"。这是腾讯新闻发布的专业事实查证平台，遇到拿不准的网络信息，可以在里面搜一搜，看看是不是谣言。当然，"神器"里说的也不一定就毫无破绽，但至少从信息来源上，还是比网络上随便看到的信息要靠谱得多。

想要查验化妆品质量是否过关、是不是正规进口，可以下载国家药品监督管理局的 APP "化妆品监管"，关于化妆品是否合格的一切信息都可以查到。遇到一些新品牌或者新产品，不确定该不该购买时，记得先去查一查哦。

是什么让你忘记了就事论事

其实妈妈们很想就事论事，谁愿意总生气、窝火、不开心呢？可是不知道为什么，有时候只要听到一两句话就会失去平常心，一头钻进情绪迷宫。

比如小晴，本来心情好好的，老公一句话，小晴就"爆"了。

小晴："你去交一下水费吧。"

老公抗议："又要交水费，怎么现在家里的事情都要我来做！"

小晴："什么叫都让你来做。我每天又上班又照顾孩子，就让你交个水费怎么了？你每天下班除了打游戏你还干什么了！"

这样的场景，是不是很眼熟？老公从交水费这件事，得出了所有家务都是他在做的结论，一听就让人窝火：不就交个水费吗？怎么功劳就全都跑到他头上去了。

面对老公的抱怨，小晴下意识的反应是激动反驳，本来是一件小事情，突然就升级成了大矛盾。

老公可能还觉得莫名其妙，不知道怎么惹到了孩子妈。我们来看看老公说的这句话到底有什么问题。

交水费和做所有的家务，根本是两回事，可是到了老公这里，把交水费等同于包办家务，还明目张胆地抱怨起来，难怪小晴听了要生气。

像小晴老公这样，把两件没关系的事扯到一起为自己说话的方式，我们可以用"上纲上线"来形容。明明一件小事，突然被放大，冲突就直接升级。

这其实是一种常见的逻辑黑洞——稻草人谬误，即曲解对方的观点，还转移到一个无关的话题上，以让自己的观点更合理。

有一次我带石头在外面玩，突然听到一位妈妈大声叫嚷，原来是有个小男孩把她家闺女给撞倒了。小孩子玩闹的时候，难免磕磕碰碰，女孩儿站起来后一切正常，也没受伤。

可是，妈妈不干了，开始指责小男孩："你怎么这么不知轻重啊？家里没人管吗？是不是看着女孩好欺负啊？……"

原本只是小男孩的无心之失，提醒他注意打闹的尺度就好，结果一下被转移到了家教和人品问题上，开启攻击模式，有点"上纲上线"的意思。直到小男孩家长过来把孩子带走，那位妈妈还在骂。

我们经常在网络上看到从一两句口角演变成肢体冲突的新闻。很多时候，就是因为稻草人谬误刺激了情绪，让事情升级，小事变大，大事爆炸，两败俱伤。

怎么分辨稻草人谬误呢？很简单，就看前后说的是不是一件事。

交水费就是交水费，别把做家务扯进来。

孩子打闹就是孩子打闹，别把家教和人品扯进来。

如果发现对方不是在就事论事，而是转移话题、"上纲上线"，明智的选择是：避其锋芒，择日再聊。

有些时候，稻草人谬误还会和别的逻辑谬误"捆绑销售"，一下就把人绕晕。

我们再来看小晴和老公的两段对话。

对话 A。

小晴："你下午怎么不接我电话，也不回信息？"

老公："一直在开会嘛。"

小晴："开会开会，工作比我重要吗？你是不是不爱我了！"

对话 B。

小晴："咱们给孩子报一个数学班吧。我上网查了，这家教育机构口碑不错，你看看。"

老公："为什么要报数学班？"

小晴："孩子数学成绩不好，必须得上课外班，不然回头该影响升学了！"

没错，对话 A 很明显就是稻草人谬误，本来在说接电话、回信息的事，突然就转移到了爱不爱的问题上，很难让人不"跳戏"。但对话 B 这个场景，就容易让人拿不准——有点像稻草人谬误，又好像哪里不太对。

为了说服老公，小晴告诉他：要么报数学班，要么儿子的升学就会受到影响。但是我们都知道，任何问题至少有三种解决方案。小晴在还有其他选项的情况下，局限于两种极端的选择，这是另一种很常见的逻辑谬误：虚假的两难境地。

在对话 B 里，稻草人谬误和虚假的两难境地谬误同时存在，因此实际上小晴只提供了一个选项——报数学班。而另一个选项则成了"稻草人"。小晴把数学成绩不好夸大成了会对升学有实质影响，从而掩盖了真正需要解决的问题：孩子到底需要什么。

这两种谬误叠加使用，制造焦虑的效果非常大。如今流行的许多保健品、美容产品的广告大多采用了这种方法。

这类广告通常会先列举不注意保养会出现的各种问题，再给你一个白富美的榜样案例，最后推荐使用某牌产品：你要么不用成为黄脸婆，要么现在下单留住青春、自信、美丽。

现在网上许多课程的推广文案中都会写：世界 500 强、BAT 精英都在学；谁因为学了这个课，实现了薪资翻番、人生逆袭；你要么现在报名，要么被同龄人抛弃。

这些话术，都是在利用你对未来的恐惧制造焦虑，达到植入观点、销售产品的目的，很多事实都被夸大，当你从口袋里把钱掏出来时，才发现自己又掉进了同样的坑。

在不知道常见的逻辑谬误之前，这些善于操纵情绪的文案老手们制造出的焦虑感，会促使你一秒就转发，两秒就下单，三秒就后悔。看完这一节，希望你再遇到这类信息的时候，能微微一笑。

哦，稻草人谬误。

呵呵，虚假的两难境地。

就算一时半会儿分辨不出来，至少也要在付款前想一想：我到底是真的需要，还是被逻辑谬误套路了呢？

＊＊＊

【练习】

现在一起做做小练习吧，请判断以下几个场景的逻辑谬误属于哪种类型。

1. A："小明是一个熊孩子，又把邻居家的花给摘了。"

B："他成绩那么好，你为什么还这么挑剔。"

2. 现在这个经济形势下，聪明人的理财方式只有2种：要么炒股，要么投资房产。现在房地产管控越来越严格，所以投资股市是更好的选择，对不对？

3. A："我今天有点累。"

B："累了还打游戏，你就是不想干活！"

4. 2015年12月9日，北京雾霾红色预警，车辆单双号限行。之后360公司创始人周鸿祎发了一条微博：昨天，我们无辜的单号车被限行了，但一天过去了，雾霾并没减轻，这充分说明雾霾的元凶就是双号车，因此，呼吁取缔双号车！

5. 我对石头说："你的小脚丫好臭！"石头回了一句："虽然我脚丫臭，但是我能帮你干活呀！"

答案：1. 稻草人谬误；2. 虚假两难谬误；3. 稻草人谬误；4. 虚假两难谬误；5. 稻草人谬误。

在亲子互动中，激发孩子的思考力

就事论事这么高级的大脑运动，可不可以在日常生活中也教孩子用起来呢？

当然可以，有很多亲子游戏都能够很好地练习就事论事的能力。比如小雨，就和孩子一块儿画了一棵"星星树"，解决孩子总是迟到的问题。

小雨家孩子早上上学时，经常迟到，被老师提醒过好几次，以至于现在闹钟一响小雨就开始紧张和焦虑，总觉得闺女动作慢，于是不停地催促她"快点快点"，可是到学校的时间还是那么晚。

"一大早就跟打仗一样，整个人都不好了。"小雨说。她也想解决迟到的问题，可是不知道为什么早上的时间就是很紧张。小雨的焦虑也影响到了孩子，闺女有时候会在前一天晚上反复念叨："妈妈，明天我会不会迟到？"

可能有妈妈会说："怕迟到可以早起啊。"

最快想到的办法不一定最有用，只有通过"望闻问切"，找对了原因，才能"药到病除"。小雨试过提前半小时起床，但最后出门的时间只早了10分钟。显然，关键问题出在别的地方。

为了揪出这个"麻烦"，小雨决定带着闺女一块儿画一棵星星树。

第一步，画树干。

确定问题"是什么"，在树干上写下来。

困扰小雨和孩子的问题是为什么总是迟到。这里最好是把这个问题转变成正面的表述：怎么才能够按时到学校。

第二步，画树枝。

寻找造成迟到的原因。

找原因的时候，不用考虑现实情况，先尽量多地写出可能的原因；然后记得把相互冲突的原因划掉；接下来将原因分类，在每一个树枝上写一个类别；最后把最关键的类别涂上颜色。

比如，迟到的原因可能如下：

前一天睡得太晚起不来

妈妈叫起床叫得太晚

找衣服找半天

花很长时间收拾书包

吃早餐太慢

…………

这些原因可以分为三类：孩子的原因、父母的原因、外部因素（如作业太多）。这些原因中最关键的应该是孩子的原因，因此要把孩子的原因涂成红色。

第三步，画树叶。

在每一片树叶上写上优化的方法——"怎么做"。注意，树叶要和写有原因的树枝对应起来。

比如，把孩子的上床时间提前，闹钟定早一点，前一天晚上把要穿的衣服准备好，等等。标好优先级，从影响关键原因的办法开始做。

最后呈现出来的问题树如下图所示。

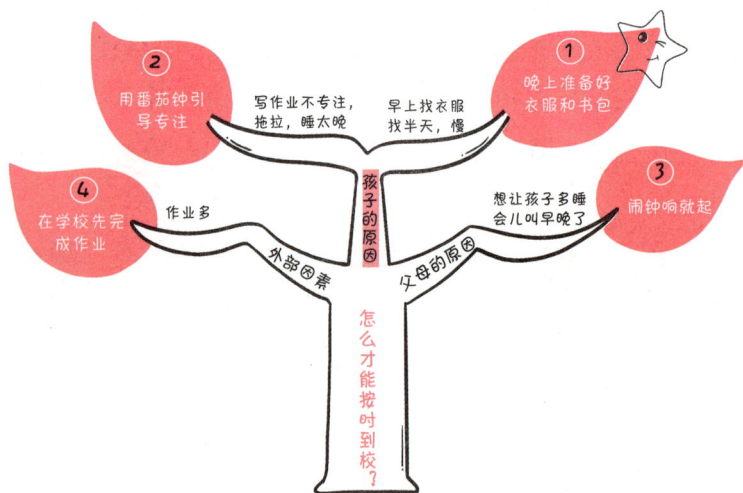

第四步，画星星。

把这棵树贴在醒目的地方，每完成一项优化，就在相应的树叶上画一颗小星星作为奖励。等每片树叶都画上小星星的时候，迟到的问题就完美解决了。

看起来有用的办法，不一定是最管用的办法。看清楚原因，是找对办法的基础。下次再遇到和孩子相关的问题，就一块儿动手画一棵星星树吧。

轻松育儿的游戏盒子

画星星树时，偶尔会遇到这样的情况：孩子找的原因和方法不够清晰、准确，导致树画完了，真到行动的时候却怎么都做不好。

小雨家闺女在找迟到原因的时候说，早上穿衣服慢了，解决办法是以后要快一点。这个原因和办法倒也不能说不对，但就是不能有效解决问题。穿衣服至少会分穿上衣、下装、袜子、鞋四个小环节，到底是哪个环节拖慢了速度呢？不能精准定位问题，就很难找对解决问题的办法。

小雨家闺女想不到更多的细节，是因为孩子的思维精度不够。如果将孩子脑海里的画面比作一片森林，孩子能看到的只有一大堆树，看不到其中有一棵树正被病虫害困扰，如果不赶紧杀虫，病虫害就会蔓延整片林子。

我向妈妈们推荐几个提升思维精度的亲子游戏，它们可以让孩子们在玩乐中就把脑海里的画面精细显示出来，连虫子长什么样都能看得清清楚楚。

★★★

第一个游戏：你说我画。

让孩子把一幅画用语言描述出来，如果是孩子自己画的作品就更好，这样会更有兴趣介绍。妈妈根据孩子的描述来还原这幅画。孩子描绘得越准确，妈妈的还原度就会越高。

一开始描述画面时孩子肯定做不好，因为孩子的词汇储备和表达逻辑训练不足。但是没关系，可以引导孩子对一个一个小细节进行观察、回顾。需要注意的是，妈妈在引导时要顺着逻辑顺序进行。比如，描述时先整体再局部：桌上放着一个球，球是红色的，球上有蓝色的花纹。或者先具象再抽象：苹果是圆形的、红色的、甜的食物。

这个游戏，还可以用来让孩子自己找出问题。比如，小雨就先找到了一组小朋友穿衣服的图片，再来跟孩子玩这个游戏。

小雨："妈妈要开始画画了，先告诉妈妈你在画里看到了什么？"

孩子："有一个小男孩在穿衣服。"

小雨："他是怎么穿的呢？妈妈不知道，需要你仔细讲哦。"

孩子："他先把上衣铺在床上，然后把两只手伸到了袖子里，再把头套进领子里。"

小雨："你看看是这样吗？"

孩子："对对，妈妈，就是这样。"

小雨："你讲得很清楚。不过这个小男孩穿衣服的方式好像跟你不太一样哦。"

孩子："我没有先把上衣铺在床上。"

小雨："妈妈看到你穿衣服的时候，要花比较多时间找袖子和领子。"

孩子："那把衣服先铺好就可以很快找到了！"

小雨："我们明早就试试这个办法吧。"

孩子："好呀！"

★★★

第二个游戏：细节雷达。

很多妈妈都有睡前给孩子读绘本的习惯，而很多绘本每页只有一两句话，这时候可以让孩子也参与进来，根据图画来丰富故事的细节。

我给石头读《小兔子汤姆的故事》时，有一页的情节是汤姆收拾背包，准备去堂哥家。于是，我请石头描述汤姆收拾背包的过程。

我："汤姆明天要去堂哥家，于是他晚上做了哪些准备呀？"

石头："收拾了自己的衣服和玩具，放进了背包。"

我："能不能给我介绍一下背包里的玩具呀？"

石头："有一辆黄色的小汽车，有两本漫画，还有汤姆最喜欢的骑士玩具，他要跟堂哥一起玩的。"

★★★

第三个游戏：大侦探找不同。

拿两幅相似的图画让孩子找不同，然后让孩子将不同之处描述出来。这个游戏还可以训练孩子的专注力。

妈妈："这两幅图有什么不同？"

孩子："右边的天空中没有太阳，喷泉旁边的小男孩手里有一只鸟。"

训练孩子精确的语言表达能力，很难在短时间内立竿见影，这是一个长期实践、不断练习的过程。其实日常生活中处处都是思维训练的绝佳场所，让孩子在真实的环境里解决真实的问题，是比被动接受更有效的学习方式。

和孩子练习"三维法则"

你试过在超市里和孩子一块儿做思维体操，练习"三维法则"吗？

石头在冰柜前选冰激凌的时候，我会问这样的问题。

"为什么你选这根可爱多，不选那根八喜？"

第一次问的时候，石头愣了半天没答上来。

孩子做选择基本靠直觉，因此往往不考虑原因。平时在处理简单问题的时候，靠直觉没关系，但如果习惯了，难免在学习时也养成懒得思考的坏习惯。

所以，在日常生活中，我们可以用比较提问法，让孩子说出自己做选择的理由，刻意训练孩子使用"三维法则"，让他们潜移默化地在遇到问题时想三点，养成深入思考的习惯。

我提问，就是在引导石头拿两种不同的冰激凌做对比，石头会想到"可爱多上有巧克力""可爱多有蛋卷""可爱多好拿"。思考得更深入，理由也更有说服力。

如果我只问："为什么买可爱多？"石头肯定会说："就是想买，好吃。"这还是一个直觉型理由，这就失去了练习的意义。

不仅仅是在超市，在任何拥有多种选项的场景中，都可以运用比较提问法练一练。

石头拒绝了我给他挑选的T恤，自己另选了一件穿上，我问："为什么你今天穿白色T恤，不穿黄色T恤？"

石头放学要去小伙伴家里玩，我问："为什么今天去默默家玩，不去六六家玩？"

石头在睡前挑了一本故事书要我讲给他听，我问："为什么今天不听海底小纵队的故事，改听汤姆兔啦？"

提问的时候要注意两点，一是语气得保持好奇："我真的很想知道你是怎么想的。"而不是质疑："你怎么不选这个？"二是使用频率不能太高，问得多了孩子会烦，结果就是不配合。

引导孩子主动思考的方法和工具很多，搭配使用效果会更好。

有两款手机解谜游戏我也要五星推荐：《纪念碑谷》和《脑力风暴》。这两款游戏制作精良，都是训练孩子分析原因、找对办法的好工具。游戏的共同点是：过关要满足一个条件（目标），有很多条看上去能达成目标的路（办法），你只有动手跑一跑，才知道哪条路能通过（行动）。

很多妈妈一看到游戏、电子产品就觉得"不行，绝对不能碰"。其实游戏也好，电子产品也好，互联网也好，都是工具而已，用得好就是"蜜糖"，用不好才是"砒霜"。

到底对游戏、电子产品、互联网应不应该严防死守呢？下一节，我们一起来讨论看看。

养育的选择：电子产品和互联网应该被严防死守吗

你愿意给孩子使用平板电脑、手机这些电子产品吗？允许孩子上网吗？

问十个妈妈，九个会说"不愿意"，最后一个会说："电子产品还是不太好"。一方面，妈妈会担心长时间盯着屏幕影响孩子视力；另一方面，更令妈妈们紧张的是，孩子是否会沉迷游戏荒废光阴，或是被网络上的不良内容荼毒。

但不得不承认的是，互联网和电子产品已经成为生活的必需品。那么，妈妈作为孩子成长的领路人，到底应该怎么处理这些必需品和孩子成长之间的关系呢？

我的观点是：数字时代，锁上互联网的大门当然不可取，但放任尚不具备判断力的孩子在良莠不齐的信息世界里探索更不可能。作为父母，培养孩子善用互联网工具的能力，才是对成长于数字时代的孩子最有价值的智慧传承。

网上有一位中学老师感叹学生对网络游戏的沉迷，说了这么一段话：

虽然原先也知道他们玩游戏，但亲眼看到他们的投入，还是让我很震撼的，跟我们语文课本里的《城南旧事》《纳兰性德词选》真的距离太远了，而这些新的文化，正以奇怪的姿态叠加在这代小孩的身上。

没错，每个妈妈都和这位中学老师一样，希望给孩子创造一个足够安全、干净的成长环境，因为孩子的纯真在这个复杂世界里弥足珍贵。但是，对美好的追求，并不意味着要竖起一道藩篱，当其他的东西不存在。

有阳光的地方必然会有阴影，纳兰性德写的词很美，但不意味着他生活的那个时代就只有阳光。《城南旧事》里的人性光辉，也不能掩盖那段历史里的灰暗时刻。老师更应该反思的是，到底应该教孩子从课本里学什么。是学作者修辞的手法、独到的观点、悲天悯人的情怀，还是那些字面上描绘出来的旧时场景？

复杂矛盾和多元化是社会常态，保护孩子不是画地为牢，而是在让孩子知晓世界的多元与复杂的同时，通过教育培养孩子具备识别好坏的能力，进而理解自己与世界的关系。这样，才能让孩子对自我有更清晰的认知，才能在纷繁复杂的信息世界里，看到阳光照来的方向。

很多妈妈对互联网反感，是因为网络信息里有炫富、骂脏话、虐待动物等不良引导。这个担忧，我也有。孩子的学习从模仿开始，他们对信息并没有多强的分辨能力，因此周边环境的引导和示范就显得格外重要。

在现实生活里，我们可以为孩子创造一个相对安全的环境，如将孩子送到更好的学校、让孩子住进更好的小区，将没有分辨能力的孩子和一些不那么好的东西隔离开，把家庭的监督和引导压力分散到学校、社区里。

但是，在开放且无边界的网络世界中，隔离这个事儿就变得很难，而且很多父母并没有做好准备。

对于被称为数字原住民的新生代而言，电子产品、互联网应用、智能设备，就是他们的玩具，和我们小时候玩弹珠、拍画片、打任天堂一样，没有本质上的差别。因此，学会怎么玩，是比玩什么更重要的事情。作为父母，我们更应当关注的是，是否教给了孩子选择玩具的方法，是否训练了他们玩好玩具的能力。

互联网的世界十分丰富，父母能做的，是划定一个大致的边界，然后陪着孩子去探索；在孩子跑偏的时候叫一声，在孩子掉坑以后拽一把，而不是一味护在孩子身前。

因为，真正影响孩子成长的，不是这些工具或商业化产品，而是家长自己的定见——我到底希望给孩子什么样的教育，我如何能让孩子得到这样的教育。

换句话说，定见，是一个建立在价值观基础上的判断标准。有了自己的判断，才不会被噪声干扰，才不会焦虑彷徨，才能够做出好的选择。

比如，我希望能教给孩子在这个时代好好玩的能力。所以，在努力跟上时代的同时，我还会努力去建设一个有能力净化负面能量的家庭环境，从小训练孩子学会分辨信息、有选择地吸收信息的能力，让孩子在爱和关怀中具备独立思考的能力。

有这个定见，就不会视互联网为洪水猛兽，不会妄想隔绝孩子和互联网，而是尝试从各种互联网产品中，发现能为我所用的东西。

儿子1岁多，我就用iPad给他看《米奇妙妙屋》《爱冒险的朵拉》《海底小纵队》这类优质动画片，放他喜欢听的音乐；3岁，他有了第一块智能手表，从此学会了四处拍照和一键拨号；4岁，我教他用iPad玩益智游戏，玩得比他爸还溜；5岁，他开始在在线教育平台学英语，从预习、学习到复习，全都自己操作完成。这两天，他迷上了跟Siri对话，经常一聊就是20分钟，直到我要求他跟Siri说"拜拜"才作罢。

这就是数字原住民的童年。

电子产品也好，互联网也罢，都没什么可怕，充其量是一个生产力工具。而未来，将属于那些会玩好生产力工具的人。

★★★

【练习】

你对电子产品、游戏的看法是什么？尝试用"三维法则"写出理由。

我认为电子产品和游戏：＿＿＿＿＿＿＿＿＿＿＿。

理由1：

理由2：

理由3：

每位妈妈都值得拥有更丰盛的人生

五岁时，妈妈告诉我，人生的关键在于快乐。

上学后，人们问我长大了要做什么，我写下"快乐"。

他们告诉我，我理解错了题目。我告诉他们，他们理解错了人生。

——约翰·列侬

告别单调，你的人生还有四种色彩

对于妈妈们来说，和生活、工作中那些能被找到、被识别、被确定的问题相比，隐隐约约萦绕心头、想抓却屡屡错过的问题，才是最大的焦虑来源。

很多职场妈妈在加完班回家的路上，在孩子入睡后的某个夜晚，在电话里向爸妈说自己一切都好的周末……在被每天需要扮演的角色剧本框住时，有些问题总会悄悄飘过来。

我是谁？

我要的到底是什么？

我想成为一个什么样的人？

我的人生价值在哪里？

我如何能够实现它？

我究竟为何而存在？

这些问题都是关于"自己"——既是你最真实的角色，又是最不被关注的角色。

日本服装设计师山本耀司说："'自己'这种东西，是看不见的，撞上一些别的什么，反弹回来，才会了解自己。所以，要跟很强的东西、可怕的东西、水准很高的东西相碰撞，才能知道自己是什么。"

妈妈们的生活里，时常会有冲突，有碰撞。婆婆又给孩子吃零食了，老公回家就"葛优躺"，孩子最近贪玩不听话，公司最近老是要求出差……生气、烦躁、懊恼、沮丧，各种情绪涌上心头，然后呢？情绪背后藏着的"自己"探出头来，偷偷看你。你冲过去，手里却只有空气，并没有"自己"的影子。

"自己"是你内心的渴望。你看不到她，只能感受她，从一次次碰撞中拼凑出她的模样。没有人能给你答案，尽管你仍然会试图从别人口中听到一个解法，仿佛这样能够安抚被迷茫和焦虑缠住的自己。但其实答案就在你心中，等着你用"自己的眼睛"去发现。然后，你才不会在走每一步时都犹疑不定，你才能知道，自己应该走向哪里，才能坚定地踏出下一步。

古典在《你的生命有什么可能》里提到人生有四个维度，当妈妈们睁开"自己的眼睛"后，更丰盛的四度人生就绽放在眼前。

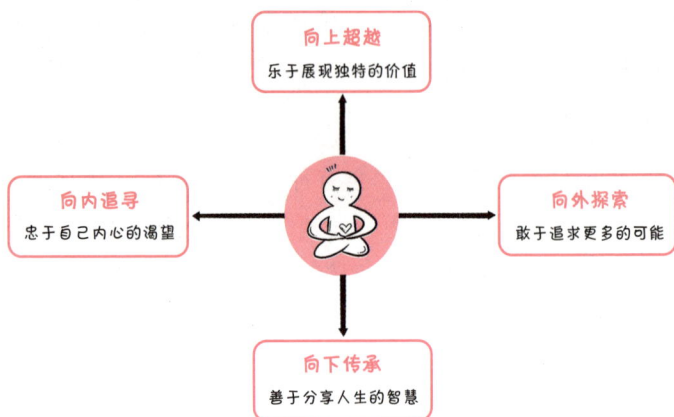

向外探索：敢于追求更多的可能。

向内追寻：忠于自己内心的渴望。

向上超越：乐于展现独特的价值。

向下传承：善于分享人生的智慧。

或许在一开始，妈妈们并不知道该如何让自己的人生丰盛，只是被冥冥之中的什么力量牵引着前行。但是，就像乔布斯说的那样，当你在向前展望的时候，你不可能将这些片段串联起来，你只能在回顾的时候将点点滴滴串联起来。

你必须相信这些片段会在你未来的某一天被串联起来。你必须要相信某些东西：你的勇气、目的、生命、因缘，所有的种种。这个过程不会让你沉沦，只会让你的生命更加与众不同。

向外探索：敢于追求更多的可能

"我不喜欢现在的自己。"

"很好啊，那就去成为自己喜欢的样子吧！"

米妈说她曾经有很严重的产后抑郁。

我很难把眼前这个穿着合身套装，恬静优雅的女性，跟抑郁联系在一起。我好奇地问："你到底做了什么，才给自己的生命换上新的色彩？"

米妈说："那段时间真的很痛苦，几乎就失去了生活的勇气。但是孩子怎么办，我的父母怎么办？我对自己说，我不要这样的生活，我要改变。"

可是，改变从哪里开始呢？

米妈心里并没有答案。可是她总觉得，应该走出去，离开小小的房子，去更大的世界看一看。刚走出安稳环境的时候，米妈也充满了忐忑，一股"改变"的劲儿支撑着她四处搜寻可能有用的方法，探索新的可能。

一开始，家人根本不支持她到处跑，米妈就一边继续学

215

·

习，一边在家里实践，还在网上把自己的学习心得分享给其他的妈妈。没想到，米妈的分享很受妈妈们欢迎，各种鼓励和正反馈接踵而至，带给了米妈巨大的满足感，她觉得"我是被需要的"。

这种"被需要"的感觉，逐渐成为米妈在亲子讲师这条路上坚定前行的动力。答案也随着前行日益清晰：做亲子教育，帮助更多的妈妈。

一晃四年过去了，坚持在本地上课分享的米妈，被一家亲子教育平台邀请制作在线音频课程，课程的收听量超过 10 万人次。互联网巨大的影响力，给她打开了新世界的大门，米妈决定离开工作了 15 年的单位，全身心地投入她更热爱的亲子教育领域。

看着米妈创业第一年干的事儿，我是相当佩服的。

✓ 212 场微课。

✓ 半年内写完两本书。

✓ 在某个在线教育平台上的课程有超过 10 万人次的收听量。

✓ 运营了 9 个主题社群。

✓ 入驻 10 个知识分享平台。

✓ 在 4 个自媒体平台写作。

如果在四年前问米妈，相不相信自己会出书，还会讲课给 10 万人听，会辞职创业，她一定觉得这是天方夜谭。如果没有主动走出来探索，很难想象米妈会如何从情绪的泥沼里把自己拽出来；如果不是打定了主意积极行动，米妈可能一直在芜湖兼职做亲子讲师，不会打通知识输出的管道和财富管道，不会在亲子教育领域建立自己的影响力，找到人生的另一种可能。

后来，我在一场活动上见到米妈，她还是穿着合身的套装，面带温和的笑容，此时的身份是"育米文化创始人"。她出的第一本书获得大卖，"畅销书作者"成为米妈的新标签。

和那个差点放弃自己的妈妈相比，现在的米妈自信从容，从她身上我看到了向外探索，会带来多少新的可能。

当然，探索新的可能往往意味着从一个已经熟悉的轨道跳出来，这需要勇气。因此，即使对当前的生活状态有再多不满，大多数人也会安慰自己：

"我的人生列车正走在一条确定的轨道上，虽然风景不怎么样，但目的地很明确，甚至知道车会开多快，会在哪一站停。如果换一条轨道，风景好不好不知道，目的地在哪里不清楚，会跟谁同路更是未知。搞不好，还会脱轨。"

如果没有意识到自己"能够选择"，自然领会不到"做出选择"的意义。

法国女星苏菲·玛索曾说，女人最可悲的不是年华老去，而是在婚姻和平淡生活中的自我迷失。

没有人能预测未来，每一个新的尝试，都在解锁一个福袋，即使里面的东西或许并不是你当下所需。人生走过的路，每一步都算数，连点成线，最终将塑造出完全不同的人生。

出门遇到滂沱大雨，冲进一家咖啡厅却尝到了最好吃的黑森林蛋糕。

渔人迷路，本来挺烦躁，没想到缘溪而行，误入了与世隔绝的桃花源。

几米的漫画《向左走，向右走》里，两个相爱的人总是错过，却在心灰意冷准备离开这座城市之前重逢。

…………

人生的列车轰隆隆地向前，不用害怕转错方向，更不要困在过去的惯性里，勇敢跃出眼前的航道吧！要知道，在不确定中发现小幸运，恰恰是生命的迷人之处。

向内追寻：忠于自己内心的渴望

与我们心中的事物相比，我们眼前和身后的事物都是微不足道的。

——拉尔夫·沃尔多·爱默生

"认识你自己"，相传是刻在希腊德尔斐阿波罗神庙的三句箴言之一。哲学家尼采却说，认识自己是很难的事："我们无可避免跟自己保持陌生，我们不明白自己，我们搞不清楚自己，我们的永恒判词是'离每个人最远的，就是他自己。'"

你敢不敢做一个测试：拿一张白纸，写下你的三个优点和三个缺点。不要思考，让直觉来给答案。记录一下你花了多长时间写完。

现在，找三个人，朋友、同事、家人都可以，让他们分别说出你的三个优点和三个缺点。

你发现了什么？

我 眼 中 的 自 己		朋 友 眼 中 的 我	
优点	缺点	优点	缺点

我们对自己的认识，并没有想象中那么清晰、明确。我们眼中的自己，和别人眼中的我们，有时候会像两个人。比如小雅，别人眼中的她是白富美、精英、好妈妈，而她只觉得自己是疲于奔命的陀螺，为了别人的叫好在舍命演出。

哪一个才是真正的"自己"？

或许在你发现内心真正的渴望时，答案就会自然浮现。

邻三月曾经是一名全职妈妈。因为先生工作的原因，她在当妈不久之后就抱着孩子进了山，是那种电视剧里才能看到的山沟沟，住的是二层简易板房。

"屋里都是我从来没见过的虫子，地上、墙上到处都有。"邻三月经常一只手抱孩子，一只手赶蚊子。简易板房的楼上不通自来水，她只能每天从院子里打水拎上楼做饭洗澡，上个厕所都要跑很远。

听邻三月描述当时的场景，我都心疼，个子小小的她当初怎么坚持下来的？太苦了！然而，在这么艰苦的环境里，邻三月居然从微信群的小分享开始，慢慢凝聚了一大批年轻人，用几个月时间组建起全国性社群"BetterMe大本营"。

一年后，赶上社群营销的风口，已经回到城市并且有一份稳定工作的邻三月，又果断决定开公司，全身心投入社群运营。短短两年，她运营的知识IP大本营就成为了各个社群学习的对象。每次要开新的训练营的消息一发布，短时间就会爆满，这让那些为了学员招募而呕心沥血的社群运营同行羡慕不已。创业心得被她写进了《社群营销实战手册》，该书成为社群营销领域的畅销书。

在看到母婴社群的机会之后，邻三月又开始全力运营微博和抖音的母婴自媒体矩阵，用了不到半年的时间就成为了官方合作伙伴。

同样是抱着手机不眨眼，邻三月从山区全职妈妈到社群运营专家、橙为社群创始人，玩出了截然不同的人生下半场。创业的两年时间里，她从一个抗拒站在台上分享的羞涩女孩，变身为一个可以对着几百人分享运营社群经验的CEO，这背后都是通过长期思考的积累和历练而积淀的自信。

和邻三月认识得越久，越能理解为什么做出这些成绩的不是别人，而是她。虽然她外表看起来像"小白兔"，但内心却是目标感极强的霸道女总裁。

全职妈妈？这不是她的目标，所以艰苦的环境并没有阻挡她成长的脚步。

城市白领？这不是她的目标，所以稳定的环境并没有阻挡她挑战的进程。

邻三月说自己特别幸运，事业上经常遇到贵人，就连抽奖都总能抽到大奖。我倒觉得，是因为她太知道自己要什么，才能在每一个岔路都选对了方向。

每个人的内心深处都有强大的自我成就能量，只是这股能量被外界的噪声一层一层封印起来，动弹不得。

直到有一天，你能够正视内心的渴望，相信自己值得拥有想要的生活状态，封印才会慢慢松动。

要知道，很多时候我们并不是输给了现实，而是输给了自己坍塌的信念。相信自己，你才有机会发现内心的渴望，创造出一个愿意与之快乐相处的自己。

向上超越：乐于展现独特的价值

人生的价值在于展示独特，而不在于迎合标准。

如果你已经是两个孩子的妈，还会义无反顾地去追求自己的梦想吗？

如果你的事业正春风得意，你会愿意放下一切洗手做羹汤吗？

如果你正打算安心相夫教子却遭遇经济危机，你有能力重返职场，分担养家的重任吗？

如果你发现自己的天赋，你会拼尽全力来创造新的可能吗？

人生的价值在于展示独特，而不在于迎合标准；在于不断超越自我、绽放光彩，而不在于等待一个特定的结果；在于愿意从 0 到 1 开始尝试的勇敢，而不在于"就这样吧"的妥协。

有一位日本妈妈，是妇产科医生，养了两个娃，每天要花费三个小时在家、托儿所和医院间奔波。对于大部分日本家庭来说，女性结婚后继续工作就已经有点不走寻常路了，何况还

223

当了妈。

但这位妈妈不仅没理会传统的眼光，还有着一个梦想——去哈佛大学读书！

在照顾孩子、做家务、干工作之余，她还要耗费大量时间和精力去准备入学考试，这不仅仅是跳出舒适圈，这简直是在挑战"珠穆朗玛峰"。

看起来不可能完成的任务，被她拆成了一个个小目标。为了有充裕的时间学习，她每晚很早就陪宝宝们睡觉，凌晨三点再起床看书；碎片时间更是一点也不放过，坐地铁的时间都用来看书、练听力、构思论文。

就这样，花了半年时间，这位妈妈如愿来到波士顿，入读哈佛大学。

她的名字，叫吉田穗波。从哈佛大学毕业后，她回到日本又在名古屋大学拿到博士学位，而后担任日本国立保健医疗科学院主任研究官。

吉田穗波把这段经历写成了一本书《就因为没时间，才什么都能办到》。如果你好奇她是怎么把不可能变成可能的，答案就在她的座右铭里：不是因为某件事很难，你才不想做，而是因为你不想做，让这件事变得很难。

吉田穗波的人生足够励志了吧，但下面要出场的这位妈妈，就不仅仅是励志了，简直是"开挂"。

她出生在美国新泽西州一个工薪家庭，因为高挑的身材和极具古典美的样貌，从中学就开始做模特，大学时被美国时尚杂志《魅力》选为着装得体的十佳女大学生。

前途一片大好的她，却在大学毕业后结婚生子，当了一名家庭主妇。

她甘心吗？没有人知道。然而，这个出身底层的家庭主妇，58岁那年身价已经超过10亿美元。

她就是美国家政女王——玛莎·斯图尔特。

玛莎是一位相当优秀的家庭主妇，多年持家的经验，让她找到了值得奋斗终生的事业：家政服务。一开始，玛莎为精于工作却不擅长家务的妈妈们提供家宴服务，后来开始卖自制食品，接着连续出版了五本畅销书，让中产阶级看到原来生活还可以这样过。玛莎办杂志、开公司、做电视节目，把家政服务做成了一个商业帝国，成为一大批美国妈妈都很熟悉的面孔。

我很佩服吉田穗波和玛莎，她们能够勇敢地追求自己想要的生活，并且不断给自己设立新的挑战。这些挑战，给了她们更为丰富而厚重的人生体验。

通过付费咨询平台"在行"，我得以跟很多职场妈妈深度交流，在与她们的不断交流中，我发现她们的苦恼里有一个共性：想给人生多一点挑战，甚至连路径都想明白了，可是一临到行动就卡壳。

把"做还是不做"这样的选择题扔进垃圾桶吧，我们应该做的是问答题：怎么能做得更好？

没有任何一个梦想是靠想象实现的，行为不变，结果不变，实践才是硬道理。之所以学会了很多道理还是过不好这一生，很多时候不是因为天赋不足，不是因为时运不济，而是因为缺乏练习。

要解决迈出第一步的问题，可以用一个超级简单、上手快的小技巧：把"我想……，又担心……"，换成"我想……，接下来我要做……"

如果做了两天不做了，那不叫行动，叫新鲜。很多人喜欢用"坚持"这个词，我不喜欢。这个词一听就觉得很苦，很难。改变本来就已经很艰难，我们就不要再给意志力加码了。

不如叫"稳定"。

行动应该是一种稳定的状态，是生活里的固定节奏，跟吃饭睡觉一样，是常规动作，做了很舒服，不做反而不舒服。你也不用时不时给自己"打鸡血"，因为行动带来的变化本身，就已经是最带劲的"鸡血"。

当你走着走着觉得太辛苦，想放弃的时候，不如想想吉田穗波和玛莎，她们多彩的人生都是用时间浇灌而来的。

慢慢来，扎实做，时间会给你最大的惊喜。

向下传承：善于分享人生的智慧

忠于自己，敢于追求，乐于展现，善于分享，这些优秀的品质是妈妈给孩子的珍贵礼物。

父母对孩子的期待或许很多，但归根结底都离不开一点：希望孩子过得更好。

可是，什么才叫"过得好"呢？

我想，大多数父母会选择给孩子留下足够多的物质财富，为孩子安排一条走起来更轻松的路，替孩子搭建起一个能抗风雨的保护所。

这样的"好"固然重要，但是没有人真的能安排另一个人的生命轨迹，也没有父母能永远把孩子保护在自己的羽翼之下。

互联网和信息技术正在快速改变这个世界，过去的经验已经难以承载当下的浪潮。站在一个独立个体的角度，在充满不确定的未来，能够陪伴他走过风风雨雨、赢得自己人生的，不是物质财富、不是安排好的路、不是保护所，而是持续成长的能力。

这项能力，不是从书本上习得的，也不是从课堂中听说的，而是从父母的言传身教中潜移默化得来的。

管理学大师彼得·德鲁克认为，领导者在成为领导之前成就自己，成为领导之后成就他人。我觉得这句话放在妈妈身上也非常适用。

每一个妈妈都是在成为妈妈之前成就自己，成为妈妈之后成就孩子。

如何成就？先来看一位年轻模特的故事。

这位模特是三个孩子的妈。为了实现孩子读书的心愿，她决定举家从南非搬到多伦多。最困难的时候，四个人挤在一间廉租房里，妈妈要打五份工才能维持一家人的生计。

就在边打工边养孩子的紧张节奏里，她还顺便拿到了两个硕士学位，经营起一家营养咨询公司，同时继续做模特。

当孩子们都各自站稳脚跟，曾经年轻的模特已经头发花白。没想到她 63 岁登上《纽约客》杂志，68 岁时又登上《时代》杂志，还领着一群超模登上意大利版和韩国版的《Vogue》封面。

她在自己的网站上写着："我今年 69 岁，我的人生才刚刚开始。"这样傲人的宣言，我希望在自己头发花白的时候也有勇气说给全世界听。

　　对了，她的名字叫梅·马斯克（Maye Musk）。她的儿子是 PayPal、特斯拉、Space X 创始人，被称为硅谷钢铁侠的埃隆·马斯克。

　　你有没有发现，近两年出现在媒体上的妈妈创业者多了起来。她们在各个场合表达自己对事业的热爱，对行业的关注，对未来的期待。

　　一个"95后"女孩儿跟我说，她觉得这些妈妈很酷："她们就是我想成为的样子！"

　　和创业妈妈们不同，我的邻居晓雪就认为，把孩子照顾好是她当下的人生目标。生娃之前，晓雪在一家世界 500 强公司工作，每天的日程都安排得满满当当，妥妥的职场精英。孩子出生之后，她果断选择退居家庭，因为"照顾孩子是目前最重要的事"。

　　平时除了打理家务，晓雪还会抽空去练习瑜伽，朋友圈里经常看到她晒自己带孩子参加各种文体活动的照片。有一天我在楼下碰到她，身穿套装，一副职业女性的派头，一问才知道，这是准备重返职场了。

　　"每个阶段有每个阶段该做的事情，现在孩子上幼儿园了，我每天在家也没什么事，当然得回去工作啦。"

　　有些选择乍一看像是牺牲，但真正的收获只有自己才知道。

不论是在事业舞台上大放光彩的妈妈，还是像晓雪和梅·马斯克这样能进能退的妈妈，她们就是自己人生舞台的唯一主角，在她们亲手写下的剧本里，家庭和事业轮番上演着精彩。

妈妈承载的不仅仅是责任，还有希望。这些妈妈们身上忠于自己、敢于追求、乐于展现、善于分享的可贵品质，在时光中滋养出了灿烂的生命之花，这种品质最终也会在孩子身上播下种子，生根、发芽，结出丰硕的果实。

这是妈妈留给孩子最珍贵的礼物。

原来，孩子才是我的老师

老话说：童言无忌。孩子说话总会十分直接，看似不经大脑却正因为这份真实，而特别容易打动人心。

这最后的小篇章是我的一点私心，摘录了石头和我之间的部分对话，这些对话或者令我警醒，或者让我感动，或者给我启发。

如果妈妈能够放下心中的条条框框，静下心来感受这些琐碎的童言童语，会发现：原来，孩子才是我的老师。

跟孩子学会爱和尊重

1　我吃饭的时候夹了一个肉丸子给儿子，他尝了一口："哇，真好吃！"

我："那你都吃了吧。"

儿子："我不吃了，这么好吃的丸子，我想留给你吃。"

我们总说，现在的孩子眼里只有自己，其实孩子眼里到底能看到谁，取决于父母眼里到底能看到谁。

2　儿子说他以后什么都会听女朋友的，因为："我要尊重她的想法。"

我惊了，问："那你听她话的时候，觉得开心吗？"

儿子："有时候不开心。但是她是女孩子啊，女孩子需要很多的爱，要尊重她，听她的话，让她感觉到很多爱。"

我突然很羡慕未来的儿媳妇。如果不是因为儿子感受到了很多爱，他又怎么会想到要给予他人爱呢？

3　因为儿子调皮，我吼了他，小家伙委屈得直哭，过了会儿才说："妈妈，你对我这么粗暴，我很伤心。"

我赶紧安抚："对不起，妈妈刚才一着急，有些粗暴了。"

儿子："没关系，你是我妈妈，我不会生气的。"

因为是爱的人，所以道歉和原谅都变得这么简单。

4 跟儿子玩互相表扬对方优点的游戏，儿子说不知道该怎么表达。

我："你总说喜欢我，到底是喜欢我什么呢？"

石头："你很爱我，对我很好，很温柔，能理解我说的话。"

孩子要的真简单，就是爱和理解而已。

跟孩子学会找乐子

1 5岁的儿子正在做数学题，我听到他嘴里念念有词："这是大于号宝宝，这是小于号宝宝。"

我一看，是在比较数的大小，被他这么一说，突然觉得题目瞬间变得可爱起来。

快乐在哪里？可能改变一个称呼，快乐就来了。

2 带儿子去小学报名，排了很长的队。上一秒还吵着无聊的儿子，突然叫我："妈妈，快看我！"

我转过头，看到他把塑料凳子顶在了头上，假装自己戴上头盔变身奥特曼，笑得特别开心。

快乐在哪里？可能就在你手边。

跟孩子学会"谈判"

1 儿子："妈妈今天太热了。"

  我："所以呢？"

  儿子："我应该吃一个冰激凌，小八喜就够了，不用大的，大的糖分太多。"

  我："……"

2 儿子："妈妈，今天讲故事的时间是不是已经过了？"

  我："是呀，马上就到熄灯睡觉的时间了。"

  儿子："但是我真的很想听故事。"

  我："那要怎么办呢？"

  儿子："我去找一个很短的故事，你快快地给我讲好不好。"

  我："那我就真的会很快地讲哦。"

儿子："好的好的，我现在就去找故事。"

3　儿子问，他洗完澡能不能看一会儿电视。

我拒绝了，因为他今晚做数学题不认真。

儿子继续问："那看一分钟行吗？"

我："一分钟还是可以的。"

儿子："你觉不觉得我只看一分钟很可怜？"

我："不觉得啊。"

儿子："那好吧，我就看一分钟。"

不挑战底线，但该争取的一定会争取，与其说这是聪明，不如说这是勇气。

跟孩子学会坚强

儿子因为做数学题不认真被我批评，我说："你现在因为不认真耽误的时间，要从一会儿玩的时间里扣出来。"

小家伙含着眼泪大声说："那你批评我不也是在耽误时间吗？！"

我愣了一下说："你现在可以认真学了吗？"

他继续大声说："可以！"

他滴完两滴眼泪，中途也没有休息，一口气做完了剩下的 8 页题。

被批评很不好受，但我们可以化悲愤为动力，用结果说话。

跟孩子学会自信

1 母亲节的时候，收音机里在说："孩子长大了，妈妈就老了，不好看了。"

儿子说："妈妈，你在我心里永远都好看，老了也好看。"

有这句话，我真的相信自己会永远都好看。

2　儿子刚开始学系扣子，很长时间都扣不上。

　　我："要不要妈妈帮你。"

　　儿子："不要！"

　　5分钟后……

　　儿子："妈妈，走吧。"

　　我："你自己把扣子都系好了呀，进步真快。"

　　儿子："当然了，其实我早就会了！"

　　"相信自己肯定能行"的信念感，比我强太多。

3　儿子："如果没有我这么好的宝贝，你一定没有现在这么幸福吧。"

　　我："……"

　　是的，宝贝，如果没有你，我一定没有现在这么幸福！

光彩书单

我们每进入一个新的人生阶段，总需要通过不断学习来适应变化。职场如此，恋爱如此，婚姻如此，养育同样如此。下面的几本书，有些在我迷惘彷徨时，给予过清晰的信念感和目标感，有些为日渐平淡的生活增加了色彩。现在，我把这些书推荐给你，总有那么一本书，能够点亮你人生的光彩。

信念与目标

1　《重塑心灵》

这是一本 NLP 的入门书，也是重新认识自己、找回信念的入门书。

2　《活出精彩 妈妈的职业规划应该这样做》

目标感越清晰的人，越需要好好规划职业发展，越能够从职业规划中受益。这是市面上极为稀少、专为职场妈妈而写的职业规划书，值得看一看。

亲密关系

1　《爱上双人舞》

成功的婚姻，就像是配合默契的双人舞。而很多婚姻，只是才华横溢的独舞。《重塑心灵》作者李中莹另一部著作，跳好双人舞的入门书。

2 《亲密关系》

总听人说，婚姻需要经营，但如何经营却语焉不详。两位心理学教授在书中系统总结了关于两性关系的那些事儿，虽然很厚，又是学术专著，但写得很生动。如果我们要和一个人共度数十年的时光，那么花一个月读这本书，简直是件一本万利的事。

快乐生活

1 《好好吃饭好好爱》

能和爱的人每天一起吃饭，再平凡的日子都会觉得有滋有味。美食自媒体人沈小怡在这本书里，写了60道满是幸福味道的家常菜谱，和60个美食与爱的故事。

把爱变成柴米油盐的琐碎，在细碎又平常的日子里，也能品出生活的诗意。

2 《我为什么看不懂你》

永远不要想去改变一个人，但是可以用他/她接受的方式影响他／她。而影响他人最高效的方式，无疑是让对方感觉到"你懂我"。这本书里介绍的 DISC 理论，是我学习过最简单易上手的"识人工具"，不仅能很快读懂他人，还能够更深刻地读懂自己。当"懂"变得更简单，快乐也会很简单。

轻松育儿

1　《园丁与木匠》

在养育这个高难度的技术活面前，与其听老人言，不如听学者说。

这本书是美国认知发展学会年度最佳图书，作者是发展心理学领域世界顶尖的学者。

同步推荐 20 年前出版的一本发展心理学经典《教养的迷思》，以及打开眼界的畅销书《性格的力量》。

2　《不急不吼 轻松养出好孩子》

三位杰出妈妈培养孩子的经验总结，从培养孩子的良好习惯、兴趣爱好、学习能力，以及关注孩子心理健康和家庭成员沟通 5 个方面，带领家长了解孩子的身心发展规律，分析孩子成长过程中遇到的问题，并给出经过作者亲身实践并被很多家庭证明行之有效的方法。

3　《亲子沟通密码 培养高情商的孩子就这么简单》

作者邹璐的人生经历堪称传奇，她将多年的跨国谈判与商业
博弈经验，融合成为一套高效的亲子沟通心法：如何用所有
的能力和资源，唤醒孩子的善意与勇气，对未来的渴望，对
自我的坚信，以及马上就做的行动力。

亲子沟通不存在某一个确定的、静止的结果，而是一个亲子
之间持续探索和互相调适的动态过程，这本书适用于任何阶
段的亲子沟通。

致谢

从决定要写这本书到最终付梓，历时两年，历经五稿。在漫长且煎熬的过程中，幸好身边一直有支持和鼓励伴随，这里一并致以最诚挚的谢意。

首先要感谢我的家人，你们是我写作的灵感之源。特别是把我当自己女儿一样宠爱的公公婆婆，承担起大部分的家务琐事，为我创造了一个可以心无旁骛写作的环境，感恩。

其次要感谢秋叶大叔，在两年前推动我开始写书，从选题策划、大纲修改、文章结构调整到成稿，一路支持，即使在我已经失去信心时，也从未放弃，才有了现在的成果。

感谢阳米团队的图书编辑静波，你总是诚恳地反馈专业意见，并为初稿付出了大量的心力。

感谢为本书写下推荐语的李海峰老师、萧秋水老师、王霄老师、赛美姐姐、Scalers、陈玉馨、大眼睛、许维、邻三月、崔璀，能够认识你们，并得到你们的认可，何其幸运。

我还要感谢在本书写作内测群里，毫无保留提供建议的朋友们：钮祜禄予辛、莘莘、木三木、Helen、阡陌、沈长容、棉被、许学玮、蕊、7格、我呀、寒星、晓芸 will、福林妈咪~沈翠、Aylin 杨琳、少寒、忠妮、孙新瑶、tii、皇额娘、罗海燕、星、婵小于、张婷、围棋、冰冰、简小喵、ivy、乐乐、欢欢、lynn、孙婉玉、张望、睡莲、雪泥、撒欢的球球、Rui、无敌胡手心、陈怡、文大郁、ZHY、郭源、Kang 康、彭彭老师、苹果妈妈、马文霞、**湉湉**、肖静、倩倩、Liliane、罗帆、晶晶、凉粉。

后记

所有的美好人生都是修炼和管理出来的。

——古典

嗨！可爱的你：

谢谢你买了这本书，一直看到这里。余下的空间，我想跟你聊聊几句心里话。

有位妈妈给我留言说，很怀念以前在大学的时候，为了排练一个小品，每天都在琢磨，和同学一起沟通。那时候心里面像燃烧了一把火，很有冲劲，但是现在找不到那种目标感了。

很多妈妈都会在某个瞬间突然回忆起青春年少的时光。其实，我们不是怀念青春，我们只是怀念自己。

生活总会磨灭一些东西，但终究也会留下一些东西。如果磨灭的是激情和冲劲，那么留下的是什么呢？

我想，应该是经验凝结成的人生智慧。

激情和冲劲并不能让我们成为更好的自己，智慧才是我们发现自己、成为自己的钥匙。

人这一生其实很短暂，所以有些事情必须妥协，而有些事情不能妥协，如发现自己、成为自己。

无奈的是，生来就知道自己要什么的人，极少极少。所以，人生就是一个追寻的过程。或早或晚，到底什么时候寻到并不重要，重要的是，你没有因为惰于思考而停在原地。

能把这本书看到最后的你，必然对未来有很高期待，并且愿意努力去把期待变成现实。只是当下有些焦虑，甚至恐慌、恐惧。

感到差距于是有了焦虑，心里没底于是有了恐慌，无计可施于是有了恐惧。嘿，你想到了没有，焦虑是好的，意味着看到了未来的可能性；恐慌和恐惧是好的，意味着有了目标，只是没找到实现的路径。

这本书里写下了寻找路径的方法。可能有些地方你觉得学不会或者用不好，这真的很正常。我们有过学一次就会的事吗？很少。

我儿子石头 6 岁了，从来没有一件事是学过一次就会的，倒是有很多事，学了很久，越做越好。小孩子没有路径依赖都是如此，何况是一种思维模式沿用几十年的成年人。所以，一时半会儿听不懂，不会用，讲不出，做不到，都太正常了，这就不应该被当作一个问题。

真正需要注意的问题是什么？

就是你和听得懂、会用、讲得出、做得到之间，到底差了什么。差的这点东西，可以通过什么途径，用多长时间去补上来。

这个问题没有标准答案，因人而异。

可能你还是希望找到一个确定的答案，有趣的是，最后你会发现答案根本不重要，得出答案的过程才重要。就像玩走迷宫的游戏，在起点和终点之间会有很多条路，终点就在那里，但是最后哪条路能到终点，只有你亲自走一遍才知道。

每个人的背景、经历、目标都不一样，甚至随着时间推移，今天和明天的外部环境、自己的想法都有可能不一样，按图索骥，不靠谱。从来都没有放诸四海而皆准的答案，所有超越时间传承下来的智慧殊途同归，都是思考方法的结晶。

你会发现，当思维在蜕变的时候，行为也会悄悄改变。

人生本来就是一道没有标准答案的思考题，只有当你知道自己真正想要什么，真切地走到那条路上，才能看到呈现在你眼前的风景。这本书里的观点、理念、方法，和你在其他地方看到、学到的知识，在本质上是一样的，都是打开地图的工具而已。

可能你到现在还是很慌，知道了道理，看到了方法，却仍然不知道该怎么跨出第一步。

其实愿意开始思考，就已经迈出了第一步，接下来不管往哪个方向走，都是前进。我这么说可能有点"鸡汤"，不过，这也是事实。

意识到自己内心需要的人不多，愿意开始追求的人更少。能真正付诸行动的妈妈，真的应该给自己点120个赞。环顾四周，还有好多人连追求的意识都没有呢！

或许你会因为接触到很多新的想法，兴奋却无所适从；会因为几个优秀的妈妈案例，佩服又自愧弗如；会因为第一次认真去思考自己想要的未来，期待却心中惶惶。

　　你喜欢兴奋、佩服、期待，还是喜欢无所适从、自愧弗如、心中惶惶？每个人都会有自己的答案，希望这本书能帮你找到充满能量的答案。

你忠实的朋友

张小桃

2019 年 6 月于北京